MARCO POLO

EIFEL

W0208744

Fünf Symbole sollen Ihnen die Orientierung in diesem Führer erleichtern:

★

für Marco Polo Tipps – die besten in jeder Kategorie

für alle Objekte, bei denen Sie auch eine schöne Aussicht haben

für Plätze, wo Sie bestimmt viele Einheimische treffen

für Treffpunkte für junge Leute

(104/A 1)

Seitenzahlen und Koordinaten für den Reiseatlas. Zu Ihrer Orientierung sind auch solche Objekte mit Koordinaten versehen, die nicht im Reisealtas eingetragen sind.

Diesen Reiseführer schrieben der Fernsehautor und Journalist Wolfgang Bartels und der Reisebuchautor Christoph Wendt. Der eine Autor lebt in Trier, der andere in Monschau. Die Marco Polo Reihe wird herausgegeben von Ferdinand Ranft.

MAIRS GEOGRAPHISCHER VERLAG

MARCO POLO

Für Ihre nächste Reise gibt es folgende Titel dieser Reihe:

Unsere Autoren haben nach bestem Wissen recherchiert. Trotzdem schleichen sich manchmal Fehler ein, für die der Verlag keine Haftung übernehmen kann.

Titelbild: Monreal an der Elz (Schapowalow: Schäfer)
Fotos: Amberg: Schraml (37); Autor (7, 11, 14, 20, 61, 83, 85, 100); Lade: Arand (55), BAV (24), KaKi (47), Sandhofer (75), S. K. (80), Steinicke (69); Mauritius: Hubatka (103), Poehlmann (78), Rossenbach (87); Schapowalow: Atlantide (53, 70), Kirsch (35); Schuster: Justra (38), Kinne (4, 28), Voigt (12); Steffens: van Limbergen (18, 24, 42, 56); Transglobe: Merten (48)

4., aktualisierte Auflage 2001 © Mairs Geographischer Verlag
Chefredakteurin: Marion Zorn
Lektorat: Sabine Michaelis
Kartografie Reiseatlas: © Mairs Geographischer Verlag, Ostfildern
Gestaltung: Thienhaus/Wippermann (Büro Hamburg)

Printed in Germany
Gedruckt auf 100% chlorfrei gebleichtem Papier

INHALT

Entdecken Sie die Eifel!

Erloschene Vulkane, röhrende Motoren, prickelnder Sprudel: All das kann Eifel sein

Was haben Formel 1 und Senf, Gerolsteiner Sprudel und Rotwein, Krimis und Survivaltraining gemein? All das ist zu finden in der Eifel, der Mittelgebirgslandschaft zwischen Rhein und Mosel, Sauer und Rur: Abenteuer und Erlebnis, Natur und Technik, Erholung für Leib und Seele. Erloschene Vulkane, Wildwasser, Burgen, Golfplätze, Naturparks – sie gilt es zu entdecken.

Vielgestaltig und erlebnisreich ist die Eifel. Die Spuren des ersten Europäers, Karls des Großen – oder wie die Franzosen sagen: Charlemagne –, lassen sich zwischen Mürlenbach, Prüm und Aachen verfolgen. Das Mittelalter wird lebendig in Fachwerkstädtchen wie Monschau, Monreal und Bad Münstereifel. Modernste Motortechnik zieht die Fans immer wieder auf den Rennstrecken des Nürburgrings in den Bann. Und auch das Genießen kommt nicht zu kurz: vom Schinken bis zum Ziegenkäse, vom Rotwein aus dem Ahrtal bis zu den erstklassigen Obstbränden aus der Südeifel, von den wohlschmeckenden Mineralwässern, die ihren Ursprung reger vulkanischer Aktivität verdanken, bis zum frischen Bier aus Bitburg, das den Namen der kleinen Eifelstadt in alle Kontinente getragen hat.

Auch auf dem Rursee in der Nordeifel können Segler ihrem Vergnügen nachgehen

Kaum nach nachvollziehbar, dass das Brockhaus-Bilder-Conservations-Lexikon im Jahre 1837 nichts sehr Freundliches vermeldete: »Eifel (die) ist ein ödes, unfruchtbares, an Kalk, Schiefer, Basalt, alter Lava reiches Gebirge in der preußischen Provinz Rheinland.« »Rheinisches Sibirien« wurde die Eifel sogar genannt.

Öd, unfruchtbar, langweilig? Das war vielleicht einmal vor über 160 Jahren. Heute kommen die Leute aus den Großstädten in die Eifel, weil sie der Natur so nahe wie möglich sein möchten, weil sie Erlebnisse suchen und weil sie nicht den ausgetretenen Spuren des Massentourismus folgen wollen.

Am faszinierendsten in der Eifel ist alles, was sich um das Wörtchen »Geo« dreht. Wo sonst lassen sich erdgeschichtliche Besonderheiten direkt am

Ort ihres Entstehens beobachten? Wo ist ein Blick in das Laboratorium der Erdgeschichte möglich? Wo kann man vulkanisches Feuer spüren, ohne sich in Gefahr zu begeben? Und all das gleich dreißigmal? Auf dem Geo-Pfad, der in Hillesheim in der Vulkaneifel beginnt. »Highlights« sind der ausgehöhlte Vulkanschlot des Arensberges, ein Amphitheater aus Basalt, und der Wasserfall Dreimühlen, der jedes Jahr um einige Millimeter wächst.

Wie Bilderbücher der Erdgeschichte erlauben auch andere Orte Einblicke, die Jahrmillionen zurückreichen. Auf der Manderscheider Geo-Route kann sogar das Erdzeitalter des Devon vor 380 Millionen Jahren erwandert werden. Höhepunkt dieser Route sind die Ausgrabungen im Eckfelder Maar, präsentiert im neuen Maar-Museum. Vor 45 Millionen Jahren haben sich in einem See, der längst ausgetrocknet ist, feine Ölschieferschichten abgelagert, die wie in einem Herbarium die damals lebende Tier- und Pflanzenwelt konserviert haben. Das Eckfelder Maar ist heute eine Fossilfundstätte von Weltrang. Sie erlaubt einen Einblick in die Lebenswelt des Eozäns, des Erdzeitalters der Morgenröte, in dem sich die heutigen Blütenpflanzen und Säugetiere herausgebildet haben. Mittlerweile wurden 25000 Fossilien geborgen, darunter sechs Urpferdchen, die älteste Honigbiene der Welt und sogar der Kiefer eines Affen. Dieses Stück ist so gut erhalten, dass die Wissenschaftler sogar einer Tragödie auf die Spur kamen: Der Zahnschmelz des Kiefers ist regelrecht abgeätzt. Das muss im Magen eines Krokodils geschehen sein, das den Affen aufgefressen hat. Krokodile in der Eifel? Gewiss, das damalige Klima war tropisch. Die Suche nach Fossilien wird hier noch viele Jahre dauern, und ständig rechnen die Wissenschaftler mit neuen Überraschungen.

Gerolstein hat seine geologischen Sensationen – zum Beispiel einen echten Vulkankrater, die Papenkaule – mit einem Geo-Park verbunden. Daun hat ein Geo-Zentrum mit einem Vulkanmuseum eingerichtet. Hier werden an Computermodellen die Phänomene des Vulkanismus simuliert. Auf Knopfdruck können Sie sogar einen Vulkan ausbrechen lassen – wenn auch nur im Modell.

Noch immer brodelt es unter der Erde. Sprudelnde Mineralwasserquellen oder auch der »wallende Born« in Wallenborn, der in genauen Zeitabständen durch unterirdische Gase aufschäumt (wie die Geysire in Island), sind der Beweis. Erst 5800 Jahre liegt der letzte Vulkanausbruch zurück. Die Geologen sind nicht sicher, ob die Eifelvulkane tatsächlich für immer erloschen sind. Vielleicht schlafen sie nur. Mit einem stärkeren Erdbeben haben sie sich zuletzt im Frühjahr 1992 in Erinnerung gerufen. Das Zentrum des Bebens lag bei Roermond in den Niederlanden. Die Stöße waren noch in Trier zu spüren. Doch heute braucht niemand mehr Angst zu haben: Mit einem völlig überraschenden Vulkanausbruch ist zum Glück nicht mehr zu rechnen. Aber für ein wenig Nervenkitzel in einem Maarkessel oder einem Vulkanschlot – dafür reicht es allemal.

Das Schalkenmehrener Maar ist einer der vielen Vulkanseen in der Eifel

Die Eifel gilt heute als das »Grüne Herz Europas«, in dem sich die Länder Deutschland, Belgien und Luxemburg berühren. Grenzen sind hier längst zu Nahtstellen der Nachbarschaft geworden. Die Eifel ist eine europäische Landschaft, die sich viel von ihrer Ursprünglichkeit erhalten hat. Die zersplitterte Herrschaft der Eifeler Adelsgeschlechter, der Grafen von Manderscheid, Blankenheim, Virneburg, Arenberg usw., fand ihren Niederschlag in 140 Burgen. Die meisten von ihnen sind heute romantische Ruinen. Aber auch das Musterbeispiel für eine deutsche Burg, die Burg Eltz, liegt in der Eifel. Einst mächtige Klöster haben die Landschaft und die Menschen geprägt. Noch heute laden Abteien wie Himmerod und Maria Laach zur stillen Einkehr ein.

Die Eifel ist aber auch – heute kaum noch erkennbar – eine der ältesten Industrielandschaften Europas. Bergbau, Hüttenwerke, Tuchfabriken und Gerbereien haben über Jahrhunderte hinweg das wirtschaftliche Geschehen der Region bestimmt. Vor allem die Eisenindustrie hat in der Eifel eine ihrer Wurzeln. Stahlbarone wie Hoesch und Poensgen, die später das Ruhrgebiet zum Zentrum der deutschen Kohle- und Stahlindustrie machten, betrieben ihre ersten Eisenhütten in der Nordeifel.

An vielen Stellen des Mittelgebirges wurde Eisenerz gefunden. Seit dem 16. Jh. wurde dieses Erz in großem Maßstab gefördert. Die Holzkohle für den Verhüttungsprozess lieferten die Wälder, Blaswerke und Eisenhämmer wurden mit Wasserkraft angetrieben. Noch heute geben viele Ortsnamen (zum Beispiel Ahrhütte und Eisenschmitt) Zeugnis von dieser frühen Phase der Industrialisierung. In den Eisenhütten wurden vor allem Takenplatten (gusseiserne Kaminfassungen, die die Wärme an die umliegenden Zimmer wei-

Geschichtstabelle

um 30 000 v. Chr.
Neandertaler leben als Jäger und Sammler sporadisch in den großen Höhlen der Eifel

10 000–6000 v. Chr.
Menschen leben teilweise in offenen Siedlungen und erleben die letzten Vulkanausbrüche

54 v. Chr.
Die Römer besiegen die in der Eifel siedelnden Kelten und dringen in die Eifel vor

404 n. Chr.
Franken verdrängen die Römer

925
Eifel und Lothringen werden an das Ostreich angeschlossen. Für die Historiker bedeutet dies den Beginn des Deutschen Reiches

12. und 13. Jh.
Größte Zersplitterung der Eifel in kleine Herrschaftsbereiche. Es gibt mehr als 140 Burgen

16.–18. Jh.
1555–1714 gehört die Westeifel zu Luxemburg und damit zu Spanien, seit 1715 zu Österreich

1688–93
Im Pfälzischen Erbfolgekrieg unter Ludwig XIV. werden die meisten Eifelburgen zerstört

1794
Einmarsch der französischen Revolutionstruppen in die Eifel

1815
Im Wiener Kongress kommt die Eifel zu Preußen

1881
Der letzte Eisenhammer (kleines Hüttenwerk) wird stillgelegt

1898
Der letzte mit Holzkohle betriebene Eifeler Hochofen in Jünkerath wird stillgelegt

1920
Nach dem Friedensvertrag von Versailles müssen neben den Kreisen Malmédy und Eupen auch der Eifelkreis St. Vith und Teile des Kreises Monschau an Belgien abgetreten werden

1938/39
Bau des Westwalls

1944
Bei der Ardennenoffensive werden viele Orte entlang der belgischen Grenze in die Kämpfe einbezogen und zerstört

1945
Der südliche, größere Teil der Eifel mit den Regierungsbezirken Koblenz und Trier gehört zur französischen, der kleinere, nördliche Teil zur britischen Zone. Später wurden aus diesen Besatzungszonen die Bundesländer Rheinland-Pfalz und Nordrhein-Westfalen

1992
Am 13. April erschüttert ein Erdbeben die Eifel. Der Untergrund ist noch immer in Bewegung

1994
Amerikanische Truppen verlassen Air Base Bitburg, letzter Nato-Stützpunkt ist Spangdahlem

tergaben), Gussöfen, Werkzeuge, Nägel, Kanonen und Kugeln hergestellt. Auch nach anderen Bodenschätzen wurde in der Eifel geschürft: So wurden bei Metternich und bei Bleialf Bleibergwerke betrieben.

Der Niedergang der Erzverhüttung begann Mitte des 19. Jhs. Die an Ruhr und Saar entdeckte Steinkohle hatte sich als der Holzkohle weit überlegen erwiesen. Wasserkraft wurde durch die Dampfkraft ersetzt. Die Hüttenarbeiter wanderten ab in die neuen Industriezentren. Zudem waren die Eifeler Wälder weitgehend abgeholzt, der Raubbau der Köhler hatte weithin kahle Hügel hinterlassen. Eine Denkschrift rief schon 1772 Alarm: »Es ist überhaupt in denen Waldungen gehauset worden, als wan das Holtz wie Salatt im Garten wachsen thäte.« Erst die nach dem Wiener Kongress (1815) eingesetzte preußische Provinzverwaltung betrieb die Wiederaufforstung intensiv. Meist wurde die schnell wachsende Fichte verwendet, von vielen Eifelern noch heute »Preußen-Baum« genannt.

Die Steinindustrie hat in der Eifel dank der geologischen Gegebenheiten eine lange Tradition. Schon die Wikinger schätzten Mühlsteine aus der Eifel. Bei der Ausgrabung der Siedlung Haithabu bei Schleswig stießen die Archäologen auf eine Vielzahl von Mühlsteinen, die die Wikinger auf noch unbekannten Wegen von der Eifel an die Ostsee transportiert hatten. Im Mittelalter wurden Mühlsteine aus Mendiger Basaltlava sogar bis nach England verkauft. Sandstein und Schiefer, Basalt und Bims werden bis heute gewonnen. So wurde zum Beispiel das Reichstagsgebäude in Berlin aus Sandsteinblöcken aufgemauert, die bei Kordel im Kylltal abgebaut wurden. Heute spielt die Baustoffindustrie nur noch im Mayener Land eine größere Rolle.

Aber auch andere frühe Industriezweige waren in der Eifel heimisch. Das Tuchmachergewerbe siedelte sich in Münstereifel, Monschau, Euskirchen, Prüm und Dasburg an. Speicher war Zentrum der Ton- und Töpferindustrie, deren Produkte von fahrenden Händlern in ganz Mitteleuropa vertrieben wurden. Holsthum in der Südeifel war im 19. Jh. gar Standort einer Glashütte, die Glaskugeln (heute »Paperweights« genannt) herstellte. Heute sind diese Kugeln als Sammlerstücke gesucht.

Zeugnisse dieser frühen Industrialisierung sind in den zahlreichen Heimatmuseen zu finden. Auf die Geschichte der Eisenindustrie hat sich das Eisenmuseum in Jünkerath spezialisiert. Die industrielle Tuchproduktion des 19. Jhs. lässt sich nacherleben in der Tuchfabrik Müller in Euskirchen-Kuchenheim, einer Außenstelle des Rheinischen Industriemuseums.

In der Gegenwart wird das Wort Natur groß geschrieben. Das offizielle Motto, mit dem die Tourismusverbände um Gäste werben, lautet: »Eifel – Lust auf Natur«. Und das ist keineswegs übertrieben. Zwei grenzüberschreitende Naturparks haben sich die Bewahrung natürlicher und landschaftlicher Besonderheiten zur Aufgabe gemacht: der Deutsch-Belgische Naturpark im Norden, der bis ins Hohe Venn reicht, und der Deutsch-Luxemburgische Naturpark im Süden, der die Südeifel und die Luxemburger Schweiz umfasst. Natur erleben kann man in der Eifel auf vielfältige Weise: Wer die Extreme liebt, kann es bei einem Überlebenstraining in den Wäldern versuchen oder einer Wildwasserfahrt im Kajak über die Irreler Wasserfälle. Etwas entspannter geht es zu, wenn man vom Angebot »Eifel zu Pferd« Gebrauch macht: ein Netz von Reiterhöfen, die über das ganze Land verstreut sind und zu individuellen Touren verknüpft werden können. Oder Sie spielen eine Partie Golf auf einem der Plätze rund um Bitburg oder bei Hillesheim.

Wer die Natur ohne allzu große Anstrengungen etwas besser kennen lernen will, kann die verschiedenen Wildparks besuchen: Der Hirsch- und Saupark Daun ist spezialisiert auf das Wild der heimischen Wälder, der Eifelpark Gondorf stellt mehr die Unterhaltung für Kinder und Erwachsene in den Mittelpunkt. Tiere ganz nah lassen sich auch im Wildpark Hellenthal, im Eifel-Zoo Lünebach und im Adler- und Wolfspark Kasselburg bei Gerolstein erleben.

Die Verbindung von der Natur zur Technik stellt der Gaytal-Park bei Körperich her: In einem futuristisch anmutenden Gebäude wird die Nutzung alternativer Energien dargestellt. Traditionelle Technik pur dagegen bietet der Nürburgring. Mit dem eigenen Auto oder Motorrad können Neugierige über die Nordschleife flitzen. Wer der Formel 1 etwas näher kommen möchte, begibt sich in ein Renn-

Sündige Grenze

In den Jahren zwischen dem Ende des Zweiten Weltkriegs und der Währungsreform im Juni 1948 erlebte die Nordeifel entlang der deutsch-belgischen Grenze einen Boom ganz besonderer Art, den Kaffeeschmuggel. Bohnenkaffee war damals in Deutschland nur auf dem Schwarzmarkt und zu horrenden Preisen zu haben. Vor allem aus den grenznahen Dörfern Kalterherberg, Mützenich, Imgenbroich, Konzen und Roetgen zogen die Schmuggler Nacht für Nacht einzeln oder in Kolonnen nach Belgien und holten die braunen Bohnen rucksackweise über die Grenze. Natürlich versuchten die Behörden, den Schmugglern das Handwerk zu legen, viele wurden auch tatsächlich gefasst und verurteilt. Das kleine Gerichtsgefängnis in Monschau war zu dieser Zeit ständig überfüllt.

Berühmt wurde damals in der Nordeifeler Bevölkerung der katholische Pfarrer von Schmidt, der selbst in vielen Nächten Kaffee schmuggelte und mit dem Erlös die kriegszerstörte Pfarrkirche wieder aufbaute. Sie heißt bis heute im Volksmund St. Mokka. Diese Schmugglerära lieferte auch den Handlungsrahmen für einen der ersten deutschen Spielfilme der Nachkriegszeit: »Sündige Grenze«, 1951 gedreht, mit Dieter Borsche in der Hauptrolle.

Die Nürburg entstand im 11. Jahrhundert und ist heute eine imposante Ruine

taxi (340 PS). Die Erlebniswelt Nürburgring bietet zudem auf 10 000 m² eine Gesamtschau auf die Welt des Automobils.

Oder was halten Sie von einer »Eifel-Rallye«? So lautet der Titel eines Kriminalromans von Autor Jacques Berndorf, der eine ganze Serie von »Eifel-Krimis« begründet hat. Berndorfs Schauplätze sind authentisch und spielen sich nach einem bewährten Muster ab: eine vertraute Umgebung, unter deren beschaulicher Oberfläche die Phantasie des Schriftstellers das Böse blühen lässt. Bei den Lesern kommt diese Mischung jedenfalls so gut an, dass einige Hotels bereits zu Krimiwochenenden zum Selberfahnden einladen. Motto: Die Eifel – mörderisch gut.

Die Eifel hat wirklich viel zu bieten: grandiose Landschaften und kitzlige Abenteuer, imposante Bauwerke und beschauliche Städtchen, spannende Natur und aufregende Technik. Wer will, kann aber auch richtig abschalten vom Alltag, die Seele baumeln lassen, dem Körper Gutes tun. Ganz, wie's gefällt.

Fachwerkwunder und ungewöhnliche Gewässer

Die Eifel hat anderen Landschaften einiges voraus

Burgen
Die Eifel ist die burgenreichste Landschaft Deutschlands. Rund 140 Burgen gab es im Mittelalter, manche von ihnen sind allerdings nur noch als romantische Ruinen Ziel für Nostalgiker, andere sind noch oder wieder bewohnt oder werden als Museen genutzt. Auf Anfrage bekommt man oft die Möglichkeit, wenigstens Teile bewohnter Burgen anzuschauen, die offiziell nicht zugänglich sind.

Die schönste und berühmteste Burg der Eifel ist sicherlich die fast tausendjährige Burg Eltz, die deutsche Burg schlechthin, wie oft gesagt wird. In zahlreichen Orten der Eifel, die sich um eine Burg entwickelt haben, sind Burgen bis heute reizvoller Blickfang und Sehenswürdigkeit. Besonders schöne Beispiele dafür sind Kerpen, Kronenburg, Mayen, Monreal, Monschau, Neuerburg, Nideggen und Pyrmont.

Die vor dem Nürburgring campierenden Fans sind ganz nah am Renngeschehen

Fauna
Neben Rotwild, Rehwild und Schwarzwild, das die heimischen Wälder bevölkert, gibt es in der Nordeifel, vor allem im Kermeterwald, das Muffelwild. Aus den benachbarten Ardennen ist nach dem Zweiten Weltkrieg die echte Wildkatze wieder eingewandert und heimisch geworden. In der Nordeifel wurde der Flussbiber wieder eingebürgert. In wenigen Exemplaren dürfte auch der Fischotter noch beheimatet sein. An manchen Bächen können Sie den Eisvogel beobachten, die Wasseramsel und die Gebirgsstelze. Der Uhu ist in der Eifel wieder zu Hause, ebenso der Schwarzstorch, der inzwischen in einem Brutgebiet wieder als gesichert nachgewiesen gilt. In einem Bach der Nordeifel leben noch einige Dutzend Flussperlmuscheln. Nähere Einzelheiten zu diesen seltenen Tierarten sollen aus nahe liegenden Gründen nicht genannt werden. Der Beobachtungstourismus könnte die seltenen Eifelbewohner allzu leicht wieder vergrämen.

Flora

Die berühmteste Pflanze der Eifel ist der Besenginster, der als Eifelgold im Frühjahr die karg bewachsenen Berghänge mit einem leuchtenden Teppich überzieht. Da, wo der Boden kalkhaltig ist, finden sich zahlreiche Orchideen. Insgesamt ist die Eifel wohl das orchideenreichste Gebiet in Deutschland. Von rund 60 Orchideenarten, die es wild wachsend in Deutschland gibt, kommen in den verschiedenen Eifeler Kalkmulden 42 vor. Auch hier sollen zum Schutz der seltenen Pflanzen keine näheren Angaben gemacht werden. Wer als Botaniker an den Orchideen interessiert ist, wird die Standorte zu finden wissen. Eine Besonderheit in den Wiesentälern der Nordeifel ist das massenhafte Vorkommen der wilden Narzissen, die im April manche dieser Täler im deutsch-belgischen Grenzgebiet mit regelrechten Teppichen überziehen.

Glockengießerei

In Brockscheid, zwischen Daun und Manderscheid, werden in der Eifeler Glockengießerei heute noch Kirchenglocken traditionell gegossen: Zunächst wird die Tonlage einer Glocke berechnet und das Modell gebaut. Dann kann man zusehen, wie die Form aus Lehm gebrannt in die Erde gemauert wird, wie sie später,

Handwerk mit langer Tradition: Eifeler Glockengießerei in Brockscheid

wenn die gegossene Glocke erkaltet ist, weggeschlagen und das fertige Werk sichtbar wird.

Internationale Naturparks
Grenzübergreifende Naturparks gibt es in Deutschland nur wenige. Die Eifel ist gleich zweifach durch solche Naturparks mit den Nachbarländern verbunden. Der Deutsch-Belgische Naturpark verbindet die Nordeifel und einen kleinen Teil der Westeifel mit Belgien, der Deutsch-Luxemburgische Naturpark die Naturlandschaften der West- und Südeifel mit Luxemburg. Der Deutsch-Belgische Naturpark entstand 1971. Auf deutscher Seite gehört dazu der Naturpark Nordeifel, der bis in das Gebiet des rheinland-pfälzischen Kreises Bitburg-Prüm hineinreicht. Auf belgischer Seite wurde der Naturpark Hohes Venn-Eifel eingebracht, mit einer faszinierenden Hochmoorlandschaft und seltenen Pflanzen. Auf der belgischen Seite setzt sich das Gebiet der Stauseen fort. Vier Stauseen liegen dort, darunter mit dem Gileppe-Stausee die älteste Talsperre Belgiens. Da man jenseits der Grenze oft auch von der belgischen Eifel spricht, nennen viele den Deutsch-Belgischen Naturpark das »Vierzehn-Seen-Land« der Eifel.

Bereits 1965 wurde der Deutsch-Luxemburgische Naturpark als erster europäischer Naturpark gegründet. Er besteht aus Teilen der Südeifel und der Luxemburgischen Schweiz. Auf beiden Seiten des Grenzflusses Sauer steht die gleiche Landschaft unter besonderem Schutz: die eigenartigen Sandsteinformationen aus so genanntem Luxemburger Sandstein. Auf deutscher Seite sind es vor allem die bizarren Formen im Bereich des Ferschweiler Plateaus, auf luxemburgischer Seite die des Müllertals und seiner Umgebung.

Kraterseen
Unter den zahlreichen Vulkanseen der Eifel können nur zwei echte Bergkraterseen genannt werden: der Windsborn und das Hinkelsmaar. Von echten Kraterseen spricht man dann, wenn sich die Wasserfläche in einer Krateröffnung befindet, die tatsächlich durch einen echten Vulkanausbruch entstanden, bei dem also glutflüssige Schmelzmasse aus dem Krater geflossen ist. Beide Kraterseen haben sich in Kratern des Mosenbergs bei Manderscheid gebildet. Leider ist das Hinkelsmaar so stark verlandet, dass es nur noch als sumpfige Wiese erscheint. Auch der Windsborn geht durch stetige Verlandung dem gleichen Schicksal entgegen.

Krimis
»Die Eifel – mörderisch gut« ist inzwischen schon ein geflügeltes Wort geworden. Seit Anfang der Neunzigerjahre entdecken Krimiautoren die Eifel als Schauplatz fiktiver Verbrechen. Mörder, Räuber, Agenten, Detektive, Mordkommissionen und Frauen bringen Unruhe in die beschauliche Landschaft. Der bekannteste Eifel-Krimiautor ist Jacques Berndorf (geb. 1936). Er veröffentlichte als Erstes den »Eifel-Blues« (1989), dann »Eifel-Gold« (1993) und sechs weitere Titel, zuletzt »Eifel-Sturm« (1999).

Einige Titel anderer Autoren: »Familienzauber« von Edwin Klein, »Bitte ein Mord« von Edgar Noske, »Tief unterm Laub« von Ralf Kramp und »Der Saumord« von Andreas Izquierdo. Nebeneffekt der spannenden Lektüre: Mögen die Handlungen auch frei erfunden sein, man erfährt viel über Land, Leute und die Mentalität der Region.

Literatur und Malerei

In landläufigen Vorstellungen gilt die Eifel so gar nicht als poetischer Landstrich, war sie doch lange als karg und öde, arm und einsam verrufen. Aber vielleicht sind es gerade solche Züge, die die Eifel für Kulturschaffende attraktiv machen. Das Lexikon »Die Eifel in der Literatur« zählt immerhin 220 Autoren auf, die aus der Eifel stammen oder sich mit der Eifel befasst haben.

Eine Frau war es, die die Eifel literarisch sogar berühmt gemacht hat: Clara Viebig (1860–1952), als Tochter eines Regierungsbeamten in Trier geboren, später aber in Berlin lebend. Ihr Roman »Das Weiberdorf«, erschienen 1900, löste einen Skandal aus. Das Buch beschreibt sehr realistisch die Sehnsüchte der Frauen eines Dorfes, deren Männer sich das ganze Jahr über weit weg im Ruhrgebiet verdingen mussten und nur zweimal im Jahr für kurze Zeit nach Hause kamen. Lange galten ihre Werke als vergessen, erleben aber zurzeit zahlreiche Neuauflagen.

Der Amerikaner Ernest Hemingway (1899–1961) hat die »schwarzen Forsten der Schnee-Eifel, wo die Drachen hausten«, in packenden Reportagen beschrieben: als Kriegsberichterstatter der 4. US-Infanteriedivision, die im September 1944 den Westwall durchbrach. In einem Gasthaus in Buchet, spöttisch von ihm »Schloss Hemingstein« genannt, bezog der Schriftsteller Quartier.

Alfred Andersch (1914–1980) lebte ein Jahrzehnt in Rommersheim bei Prüm und in Kerpen bei Hillesheim. Das Kriegsthema griff er in seinem bedeutendsten Roman »Winterspelt« (1974) auf. Das Dorf Winterspelt an der deutsch-belgischen Grenze ehrt Andersch mit einer ständigen Ausstellung im örtlichen Gemeinschaftshaus.

Heinrich Böll (1917–1985), der erste Literatur-Nobelpreisträger der Bundesrepublik Deutschland, wohnte in einem Haus in der Nordeifel. Seine kritischen, oft auch ironischen Anmerkungen begleiteten den Wiederaufbau im Nachkriegsdeutschland.

Als »Maler der Eifel« gilt Fritz von Wille (1860–1941). Der Künstler wurde zwar in Weimar geboren, lebte aber ab 1900 in Reifferscheid und in Kerpen. In seinen Bildern gelang es ihm, den Charakter der Eifellandschaft zu erfassen. Clara Viebig schrieb über den Maler: »Wir sind durch die Eifel gewandert, beide mit denselben Augen, die Liebe zum Land geöffnet hatte ... Welche Fülle in dieser Armut, welche Pracht in dieser Bescheidenheit, welche Poesie in dieser Öde!« Das Haus Beda in Bitburg verfügt über eine bedeutende Sammlung der Gemälde von Willes.

Auch in der Gegenwart nutzen weltbekannte Kulturschaffende die Abgeschiedenheit der Eifel zur schöpferischen Flucht aus dem Alltag in den Metropolen. Einer von ihnen ist der Architekt Oswald Mathias Ungers (geb.

1926 in Kaisersesch/Eifel). Er lebt in einem ehemaligen Wasserturm in Üttfeld.

Maare
Wenn sich Wasser in einer Vulkanöffnung sammelt, die durch eine Gas- oder Wasserdampfexplosion entstanden ist, spricht man von einem Maar. Solche Maare hat es in der Eifel viele gegeben, manche sind nur noch als sumpfige Wiesen erhalten. Manche gehören aber auch noch als »die nassen Augen der Eifel« zu ihren berühmtesten Sehenswürdigkeiten. Das größte Maar ist der Laacher See bei Mayen, das bekannteste das Totenmaar oder Weinfelder Maar. In seiner Nähe, bei Daun, liegen das Schalkenmehrener Maar und das Gemündener Maar. Bei Gillenfeld findet man die Wasserflächen des Pulvermaars und des Holzmaars. Bei Manderscheid gibt es das Meerfelder Maar, in Ulmen mitten im Dorf das Ulmener Maar und nahe Bad Bertrich das kleine Immerather Maar.

Mineralbrunnen
Mineralbrunnen sind nützliche Zeugnisse des Eifelvulkanismus. Unzählige Mineralquellen sprudeln in der Eifel, allein im Laacher See wurden mehr als 500 gezählt. Die größten dieser Brunnen speisen heute die Badeanlagen der Eifeler Thermalbäder wie in Bad Neuenahr, aus anderen werden jährlich Millionen von Flaschen gefüllt, die in alle Welt verschickt den Namen Eifel bis in die letzten Winkel der Erde tragen. Allein in Gerolstein wird das Wasser von fünf verschiedenen Brunnen abgefüllt. Andere wichtige Brunnenorte sind Bad Neuenahr-Ahrweiler, Birresborn, Daun, Dreis und Mendig.

Nürburgring
Als schönste Rennstrecke der Welt wird der Nürburgring in der Hohen Eifel oft von seinen eingeschworenen Fans bezeichnet. Im Rahmen einer Arbeitsbeschaffungsmaßnahme wurde er in den Zwanzigerjahren um die Nürburg gebaut. Die Grand-Prix, Auto- und Motorradrennstrecke, die in Form einer Acht angelegt wurde und auf der in den Dreißigerjahren die berühmten Silberpfeile von Mercedes ihre sensationellen Rennen bestritten, ist vor wenigen Jahren nach modernen Sicherheitsgesichtspunkten entschärft und ausgebaut worden. Sie besteht aus der 21 km langen Nordschleife und der 4,5 km langen eigentlichen Rennstrecke. Ihre bekanntesten Stellen sind die Nürburg- und die Müllenbachschleife. Immer noch werden hier Welt- und Europameisterschaften der verschiedenen Fahrzeugklassen bis zur Formel 1 ausgetragen.

Römische Wasserleitung
Zur Versorgung der römischen Großstadt Colonia Agrippinensis (Köln) bauten die Römer unter Kaiser Hadrian eine 74 km lange Wasserleitung aus der Nordeifel an den Rhein. Da die römischen Baumeister das Prinzip der kommunizierenden Röhren noch nicht kannten, gingen sie davon aus, dass das Eifel-Wasser, um in Köln anzukommen, von der Eifel an ein gleich bleibendes Gefälle haben muss. Sie wussten nicht, dass es durch eigenen Druck in der Kanalröhre aus einem Tal wieder in die Höhe steigen kann, sofern diese nicht höher ist als

diejenige, von der aus es ins Tal floss. So bauten die Römer einen Kanal durch die Eifelberge in der Gegend von Kallmuth und Nettersheim und überbrückten die Täler mittels Aquädukten und Wasserbrücken. Das Kanalbauwerk wurde so gleichmäßig angelegt, dass eine Kugel, in der Eifel angestoßen, bis Köln gerollt wäre. An vielen Stellen ist die Teufelsader, wie die Eifeler den Römerkanal einst nannten, noch erhalten.

Talsperren

So wie die Wasserflächen der Maare und Kraterseen das Bild der südlichen Eifel prägen, tun das in der Nordeifel die Talsperren, vor allem im Einzugsgebiet der Rur. Ende des 19. Jhs. entstand als Erste die Urfttalsperre, der später die eigentliche Rurtalsperre Schwammenauel folgte. Sie ist mit einem Fassungsvermögen von 205 Millionen Kubikmetern Wasser nach der in Thüringen liegenden Bleichlochtalsperre die zweitgrößte Talsperre Deutschlands. Ihr Zweck: Hochwasserschutz und Energiegewinnung. Außerdem ist sie ein beliebtes Wassersportgewässer. Die anderen Stauseen, die zu einem Teil der Trinkwassergewinnung oder auch nur dem Hochwasserschutz dienen, sind: die Kalltalsperre bei Rollesbroich, die Dreilägerbachtalsperre bei Roetgen, die Oleftalsperre bei Hellenthal, das Staubecken

Teil des Aquädukts, der römischen Wasserleitung, nach Köln

Heimbach und das Staubecken Obermaubach, der Obersee bei Einruhr, die Perlbachtalsperre bei Monschau und, als derzeit jüngste, die Wehebachtalsperre im Hürtgenwald. Lediglich der Kronenburger Stausee, gespeist aus der Kyll, wurde ausschließlich zur Förderung des Fremdenverkehrs im strukturschwachen Oberen Kylltal gebaut. Soweit die Seen nicht der Trinkwasserversorgung dienen, sind sie attraktive Ziele für Wassersportler, wobei allerdings der Motorbootsport aus Umweltschutzgründen seit jeher auf allen Seen nicht gestattet ist.

Vulkane
Die Vulkane machen die Landschaft der Eifel in Europa zu etwas Einzigartigem. Sie entstanden in zwei verschiedenen erdgeschichtlichen Epochen: im Tertiär und im quartären Eiszeitalter, vor rund 1,5 Millionen Jahren. Von den Vulkanen der Tertiärzeit stehen in der Eifel meist nur noch die basaltischen Kerne, die, härter als das umliegende Gestein, der Verwitterung getrotzt haben.

Die bekanntesten Beispiele sind die Hohe Acht als höchste Erhebung der Eifel, die die Nürburg tragende Höhe, der Hochkelberg und der Tomberg bei Rheinbach. Rund 200 solche Basaltkuppen hat man in der Eifel gezählt, die meisten liegen im Flussgebiet der Ahr sowie im Gebiet um den Laacher See.

Westwall
Entlang der deutsch-belgischen Grenze und weiter südlich bis zur Schweiz entstand auf Befehl Hitlers vom Mai 1938 bis zum August 1939, also knapp vor dem Zweiten Weltkrieg, die Befestigungsanlage des Westwalls mit zahlreichen Unterständen und Kampfanlagen (pro km etwa 22) sowie schweren Bunkern und der Höckerlinie als Panzersperre. Diese Betonhöcker, auch »Drachenzähne« genannt, sind heute noch an zahlreichen Stellen im Westen der Eifel zwischen Aachen und Trier zu sehen. Als die amerikanischen Truppen 1944/45 in die Eifel vordrangen, war jedoch die Entwicklung der Panzertechnik so weit fortgeschritten, dass die Höckerlinie ihren Zweck nicht mehr erfüllte. Einen Einblick in das damalige Geschehen gibt das Westwallmuseum in Irrel, eingerichtet in einer gepanzerten Stellung

Windschutzhecken
Windschutzhecken aus Rotbuchen sind ein besonderes Charakteristikum in der Nordeifel um Monschau und Simmerath, man spricht ganz offiziell vom Monschauer Rotbuchen-Heckenland. Nur in Höhenlagen bis zu 450 m werden Hecken auch aus Weißbuchen angepflanzt. Die Hecken stehen im Westen, manchmal über Eck auch noch im Norden der Gehöfte in den Höhendörfern der Nordeifel. Sie sind in jahrzehntelanger Arbeit miteinander verflochten und werden jedes Jahr sorgsam beschnitten, sodass sie wie eine Mauer Schutz gegen Stürme und Schneetreiben geben. Ebenso typisch sind die Schutzhecken um die Viehweiden in diesen Dörfern. Alle paar Meter lässt man einen Baum der Hecke hoch wachsen, die so genannten Schopfbuchen, die ein wichtiger Lieferant von Brennholz sind.

Hotel
Restaurant
Blaue Ecke
VELTINS
Blaue Ecke
Restaurant
SOPEXA

Von Döppekooche und Viez

Die Eifel hat nicht viele kulinarische Spezialitäten, die wenigen aber sind originell

Die traditionelle Eifeler Küche war vom armen Leben der Landbewohner geprägt. Für die Hausfrau galt als wichtigster Grundsatz: So viel wie möglich von dem nehmen, was der eigene Garten hergab oder was man in der Natur sammeln konnte. So gehört noch heute zu den Eifeler Spezialitäten die *Hongslatze,* ein Löwenzahnsalat, der mit warmer Specksauce oder mit Kartoffeln und Speck serviert wird. Unumstrittenes Lieblingsgericht war lange Zeit der *Döppekooche* (Topfkuchen), ein Kartoffelkuchen, mit Zwiebeln und Speck im Ofen gebacken. Dazu gibt es Schwarzbrot und Apfelmus. Ein anderes beliebtes Gericht war der *Stampes,* Sauerkraut mit Kartoffelbrei und Speckwürfeln vermengt. *Bunnetertisch* ist etwas Ähnliches, nur mit grünen Bohnen. Bohnen waren, vor allem die unempfindlichen dicken oder Saubohnen, ein wichtiges Lebensmittel.

Auch Suppen standen bei den Eifelern hoch im Kurs. An der Ahr verstand man es, eine vorzügliche Rotweinsuppe zuzubereiten, in Bitburg eine Biersuppe.

Auch für flüssige Nahrung ist gesorgt. Im Ahrtal wird Rotwein, vor allem Spätburgunder, angebaut – und das zum Teil in sehr guter Qualität. Wo der Wein nicht mehr gedeiht, wachsen Apfelbäume, deren Früchte vor allem zum Pressen und Keltern geeignet waren. Den Most oder Apfelwein nennt der Eifeler *Viez.* Unter dem Namen »Eifel-Premium-Brand« werden hochwertige Obstbrände vermarktet. Ein gewollter Nebeneffekt: Die Pflege und Neuanlage von Streuobstwiesen.

Heute ist aus der Eifel neben den verschiedenen Mineralwässern auch Bier nicht mehr wegzudenken. In Bitburg wird mit Quellwasser ein Spitzenbier gebraut. Weitere Brauereien befinden sich in Mendig im Süden und Monschau im Norden der Eifel.

Zunehmend legen die Köche Wert darauf, heimische Produkte einzusetzen. Zwar wird man selten die schweren Gerichte früherer Zeiten auf den Speisekarten finden, wohl aber abgewandelte, modernere Varianten.

Ein besonders schönes Fachwerkhaus mit gutbürgerlichem Restaurant: die »Blaue Ecke« in Adenau

PARFÜMERIE

Scharfer Senf und milde Schnäpse

Reisemitbringsel aus der Eifel erinnern an den Charakter der Landschaft

Können Sie sich vorstellen, dass selbst gesuchte Korallen noch lange an einen Besuch der Eifel erinnern? Rund um Gerolstein, bei Kerpen oder bei Nettersheim sind Korallen auf den Äckern zu finden, und zwar so zahlreich, dass man das eine oder andere Exemplar ruhig mit nach Hause nehmen darf. Sie lebten vor etwa 390 Mio Jahren in einem warmen Meer, das die heutige Eifel im Erdzeitalter des Devons bedeckte. Die Gerolsteiner Dolomiten bestehen aus Korallenriffen, die von Meereslebewesen wie Korallen, Seelilien und Schwämmen aufgebaut wurden. An die vulkanische Vergangenheit der Eifel erinnern auch Lava-, Basalt- und Tuffbrocken, die man rings um die erloschenen Feuerberge reichlich findet.

Gibt es diese Souvenirs zum Nulltarif, so findet man andere regionaltypische Andenken meist direkt bei den Herstellern, in Restaurants oder auf Bauernmärkten. Das gilt vor allem für den »Eifel«, wie der Eifel-Premium-Brand kurz genannt wird. Dieses Markenzeichen garantiert weiche und zarte Brände aus heimischem Obst, wie sie auf vielen Bauernhöfen der Westeifel gebrannt werden. Einige dieser Brennereien bieten auch ein anderes typisches Eifeler Getränk an, den Viez, einen Apfelwein mit viel spritziger Säure. In der Nordeifel, in Monschau, wird ein Els genannter Wermutschnaps hergestellt. (Els ist das mundartliche Eifeler Wort für Wermut.)

Wer gerne Wein trinkt, weiß, dass eines der wenigen deutschen Rotwein-Anbaugebiete, das Ahrtal, in die Eifel hineinragt. In der Bierstadt Bitburg kann man sogar Bierpralinen kaufen. In Monschau und in Birgel arbeiten die beiden letzten handwerklich betriebenen Senfmühlen Deutschlands. Dieser Senf passt sehr gut zu schmackhaften Hausmacherwürsten oder selbst geräuchertem Schinken, wie sie kleine Landmetzgereien und selbst vermarktende Bauern herstellen. In Manderscheid produzieren eine Wollspinnerei und einer der letzten Kerzenzieher Deutschlands handwerkliche Erzeugnisse nach alter Art.

Der Hauptmarkt in Trier mit dem Marktkreuz

Die Sau ist los

Eifel-Erlebnisse bei Ritterspielen, Kirmesmärkten und Brauchtum, aber auch bei leiser Kammermusik

Ausgelassene Feste und Jahrmärkte, skurrile Umzüge und zur Schau kämpfende Ritter sind ein Schwerpunkt der Eifel-Veranstaltungen. Daneben ist in den letzten Jahren eine blühende Musiklandschaft entstanden: Kirchen, Klöster, Schlösser, Burgruinen, Mühlen und Werkshallen werden zur unvergesslichen Bühne für klassische Konzerte und zum Schauplatz künstlerischer Entfaltung. Unter dem Namen »EifelArt« hat sich ein Verein zur Förderung hochkarätiger Musikereignisse gebildet, der jährlich einen Kalender herausgibt (erhältlich über Eifel-Touristik, Postfach 1346, 53897 Bad Münstereifel). Zu diesen Veranstaltungen gehören das Eifeler Musikfest im Kloster Steinfeld, die Basilikakonzerte in der Prümer Basilika St. Salvator, die Kammerkonzerte in Schloss Weilerbach, Jazz in Nideggen, die Open Air Klassik in Monschau und »Spannungen« – Musik im Jugendstil-Kraftwerk Heimbach. Die *Säubrennerkirmes* von Wittlich dürfte als Volksfest einzigartig sein. Am 3. Wochenende im August ist in der Südeifeler Stadt die Sau los. Zahlreiche ganze Schweine werden am Spieß gebraten. In kleinen Lauben rund um den Marktplatz, auf dem sich das Ritual vollzieht, wird Wein ausgeschenkt. Der Ursprung dieses Fests soll eine Begebenheit des Jahres 1397 sein. Damals wurde die Stadt belagert, und ein nachlässiger Wächter soll den Riegel eines Stadttors nicht ordentlich gesichert, sondern nur mit einer Rübe verschlossen haben. Die aber hat bei Nacht eine streunende Sau entdeckt und gefressen, weshalb es dem Feind ein Leichtes war, in die Stadt einzudringen. Zur Strafe habe der Rat der Stadt beschlossen, alle Schweine der Stadt zu verbrennen. Tatsächlich aber geht das Fest wohl auf die Viehmärkte zurück, die es früher hier gab und bei denen die Tiere mit Brandzeichen markiert wurden.

Bei den Ritterspielen auf der Burg Satzvey wird das Mittelalter im Burgenland Eifel wieder lebendig

Überall in der Eifel wird heute Karneval oder Fastnacht gefeiert. Doch sind diese Veranstaltungen letztlich nichts anderes als eine Imitation der großen Sitzungen, Büttenreden und Rosenmontagszüge der berühmten Karnevalsmetropolen. Nur in Blankenheim ist das anders. Da zieht am Samstagabend vor dem Karnevalssonntag der *Geisterzug* durch das alte Städtchen. Alle Teilnehmer sind in Betttücher gehüllt, die auf dem Kopf zu hörnerartigen Zipfeln zusammengeknotet werden. In den Händen tragen sie Pechfackeln. Dann tanzt der Zug durch Blankenheim, und die »Geister« singen unentwegt: »Juja! Kribbel in de Botz! Wer dat net hat, der is nix notz!« (»Juja! Kribbeln in der Hose! Wer das nicht hat, der taugt nichts!«)

In allen Dörfern wird die Kirmes, das Namensfest des Kirchenpatrons, groß begangen. Einige Kirmesveranstaltungen haben sich zu überregional bekannten Festen entwickelt. Dazu gehören etwa die große *Laurentiuskirmes* in Daun und der lebhafte *Lukasmarkt* in Mayen. Er ist der größte Jahrmarkt in der Eifel.

★ Am 1. und am 3. Donnerstag jedes Monats wird in Hillesheim der *Viehmarkt* veranstaltet, der größte seiner Art im gesamten Rheinland. Wer die Stimmung dabei so richtig erleben will, muss zeitig hoch. Um fünf Uhr in der Frühe beginnt der Viehauftrieb, und dann sollten Sie eigentlich schon auf dem Markt sein.

Ebenfalls über die Eifel hinaus bekannt sind die *Burgfestspiele von Mayen.* Alljährlich zwischen Anfang Juni und Mitte August werden im Hof der Genovevaburg in Mayen Schauspiele der Weltliteratur aufgeführt.

Zu Sankt Martin am 7. November zieht am Abend durch jedes Dorf der Martinszug.

FEIERTAGE

Gesetzliche Feiertage: *Neujahr, Karfreitag, Ostermontag, 1. Mai, Himmelfahrt, Pfingstmontag, Fronleichnam, 3. Oktober, 1. und 2. Weihnachtsfeiertag*

FESTE UND VERANSTALTUNGEN

Februar/März

★ Am Samstag vor dem Karnevalssonntag zieht durch Blankenheim der *Geisterzug.*

März/April

Ostermontag veranstalten die Jugendlichen von Schönecken bei Prüm die *Eierlage,* einen Wettlauf um Ostereier.

April/Mai

★ Letztes April- oder erstes Maiwochenende *internationale Wildwassermeisterschaften* in Monschau auf Rur und Perlenbach

Mai/Juni

Pfingsten findet in Bad Neuenahr-Ahrweiler der große *Gebietsweinmarkt* des Ahrtals statt.

Zwischen Mai und September *Ritterspiele und Burgmarkt* auf Burg Satzvey bei Mechernich

Juni

★ Zwischen Anfang Juni und Mitte August steht Mayen im Zeichen der *Burgfestspiele.*

Kammer- und Orgelkonzerte beim *Eifeler Musikfest* im Kloster Steinfeld

★ *Kammermusikfest »Spannungen«* im restaurierten Jugendstilkraftwerk Heimbach bei Düren

Am letzten Samstag im Juni veranstaltet Bad Neuenahr-Ahrweiler das große *Rosenfest-*

★ Ende Juni/Anfang Juli ist die historische Burg in Monschau Bühne für die *Open Air Klassik:* Theater- und Opern-Highlights

Juli

Am zweiten Sonntag gibt es in Ulmen alljährlich das *Burgund Heimatfest.*

MARCO POLO TIPPS FÜR FESTE UND VERANSTALTUNGEN

1 **Geisterzug in Blankenheim**
Eine einzigartige Karnevalsveranstaltung (Seite 26)

2 **Viehmarkt von Hillesheim**
Größter Viehmarkt des Rheinlands (Seite 26)

3 **Burgenfest in Manderscheid**
Eindrucksvolles historisches Burgenfest (Seite 27)

4 **Open Air Klassik in Monschau**
Höhepunkte der Theater- und Opernwelt (Seite 26)

5 **Wildwassertage von Monschau**
Kanurennen von Weltrang auf Rur und Perlenbach (Seite 26)

6 **Kammermusik im Kraftwerk Heimbach**
Konzerte in ungewöhnlicher Spielstätte (Seite 26)

7 **Burgfestspiele in Mayen**
Theater- und Konzertveranstaltungen in der Genovevaburg (Seite 26)

Am zweiten Wochenende begeht man in Bitburg das große *Europäische Folklorefestival.*

Am letzten Wochenende findet in Adenau das *Saugassefest* statt.

August
Am ersten Wochenende lädt Biersdorf bei Bitburg zum *Stauseefest* mit Feuerwerk ein.

Am Wochenende vor dem zweiten Mittwoch steht Daun ganz im Zeichen der großen *Laurentiuskirmes.*

Dudeldorf begeht am Wochenende nach dem 15. August sein *Krautwischfest.* Der Krautwisch ist ein Bündel Kräuter, das an Mariä Himmelfahrt gesegnet wird.

Am dritten Wochenende findet die *Säubrennerkirmes* in Wittlich statt.

Am letzten Augustwochenende wird in Adenau das *Stadtfest* gefeiert.

★ Auf der Niederburg von Manderscheid begeht man am vierten Wochenende ein großes *historisches Burgenfest.*

September
Am ersten Wochenende beginnen in Bad Neuenahr-Ahrweiler die *Weinwochen.*

Mitte des Monats wird in Bollendorf das *Apfelfest* mit der Apfelkönigin gefeiert.

Am letzten Wochenende veranstaltet man in Kaisersesch den großen *Herbstmarkt* und in Adenaus schöner historischer Altstadt die *Buttermarktkirmes.*

Oktober
Mitte Oktober begeht Mayen seinen *Lukasmarkt,* den größten Jahrmarkt der Eifel.

November/Dezember
In verschiedenen Orten der Eifel werden in der Adventszeit *Weihnachtsmärkte* veranstaltet. Der schönste ist in Monschau, immer an den Adventwochenenden.

Der Mix macht's – Seen, Wälder und Fachwerk

Die Landschaft der Nordeifel ist vor allem von Menschenhand gestaltet

Die mitunter endlos erscheinenden Wälder – vor allem die Fichtenwälder –, die insgesamt zehn kleinen und großen Stauseen und die vielen, oft bilderbuchschönen Städtchen und Dörfer mit ihren Burgen und ihrem Fachwerk sind von Menschen gestaltet und prägen so das Nordeifeler Land.

Die Nordeifel umfasst jenen Teil des Berglands, der heute zu Nordrhein-Westfalen gehört. Im unmittelbaren Einzugsbereich der großen Städte Aachen, Bonn und Köln, aber auch der Industriegebiete jenseits der Grenze in Belgien und den Niederlanden, ist die Nordeifel seit langem ein beliebtes Ausflugs- und Urlaubsgebiet. Der landschaftlichen Schönheit wegen wurde ein großer Teil der Nordeifel 1960 im Naturpark Nordeifel unter besonderen Schutz gestellt. 1969 wurde dieser über die Landesgrenze hinaus in die südliche Eifel, nach Rheinland-Pfalz hin, erweitert und 1971 über die Bun-

Fachwerkhaus hinter einer der charakteristischen Windschutzhecken

Hotel- und Restaurantpreise

Hotels
Kategorie 1: über 180 Mark
Kategorie 2: 120–180 Mark
Kategorie 3: bis 120 Mark

Die Preise gelten für 2 Pers. im DZ mit Frühstück. Privatzimmer kosten 50–70 Mark, Apartments 50–80 Mark pro Tag.

Restaurants
Kategorie 1: über 60 Mark
Kategorie 2: 40 bis 60 Mark
Kategorie 3: bis 40 Mark

Die Preise gelten für ein Menü bestehend aus Vorspeise, Hauptgericht und Nachtisch ohne Getränke.

desgrenze hinaus nach Belgien zum Deutsch-Belgischen Naturpark vergrößert. Dieser 1763 km^2 große Naturpark wird vor allem durch die vielen Stauseen der Rur und ihrer Nebenflüsse geprägt, wobei die Rurtalsperre Schwammenauel der größte von ihnen ist. Information: *Naturpark Nordeifel, Monschauer Str. 12, 52076 Aachen, Tel. 0241/63001, Fax 607940, http://hohesvenneifel.naturpark.de*

Die Nordeifel ist mit der bereits zur Westeifel gehörenden Schneifel der raueste und niederschlagreichste Teil des Gebirges. In Weißerstein bei Hellenthal erreicht die Nordeifel mit 690 m ihren höchsten Punkt.

BAD MÜNSTEREIFEL

(**106/B4**) Das oft als Eifeler Rothenburg bezeichnete Städtchen an der Oberen Erft (17000 Ew.) verdankt seine Entstehung der Gründung des *neuen Münsters* im Jahr 830 durch die Äbte von Prüm. Die Benediktiner-Stiftskirche *St. Chrysantus und Daria* stammt in ihren Anfängen aus dem 11. Jh., aus dem Jahr 1167 wiederum das *Romanische Haus,* das älteste Haus der Stadt. Münstereifel besitzt heute mehr als 300 denkmalgeschützte Häuser, darunter das gotische *Rathaus* von 1470, ursprünglich als Zunfthaus gebaut, und das *Gymnasium* von 1657, das lange das einzige Gymnasium der Eifel zwischen Köln und Trier war. 1926 wurde Münstereifel zum Mittelpunkt der Kneippschen Heilmethoden in Westdeutschland. Seit 1967 darf es den Titel »Bad« führen.

Wer heute nach Bad Münstereifel kommt, den führt der Weg unweigerlich durch eines der vier mittelalterlichen Stadttore, denn die Stadt ist noch ganz von einer Stadtmauer mit Türmen und Toren umgeben und steckt voller schöner Fotomotive.

MUSEEN

Apothekenmuseum

In einer Apotheke, die bis 1994 in der siebten Generation betrieben

MARCO POLO TIPPS FÜR DIE NORDEIFEL

1 Prunk der Tuchmacher
Das Rote Haus in Monschau ist eines der schönsten barocken Patrizierhäuser des Rheinlands (Seite 37)

2 Die Macht der Herzöge
Erinnern an vergangene Macht: die Ruinen der Burg Nideggen (Seite 39)

3 Wanderfreuden
Schöne Wege und seltene Pflanzen warten im Rurtal (Seite 39)

4 Mittelalterliches Flair
Einzigartiges Ensemble von Burg, Kirche und Ort in Reifferscheid (Seite 34)

5 Dem Sturm keine Chance
Die Windschutzhecken der Höhendörfer sind sehenswert (Seite 38)

6 Ahrquelle
Im Keller eines Hauses in Blankenheim entspringt die Ahr, der berühmte Rotweinfluss (Seite 33)

wurde, richtete ein Förderkreis das Apothekenmuseum ein. Hier kann man den Betrieb einer Apotheke nachempfinden, wie er im 19. Jh. stattgefunden hat. Der Apotheker Franz Maria Ferdinand Stephinsky erfand einen Magenbitter, der heute noch nach altem Rezept hergestellt wird. Werbespruch aus dem Jahre 1850: »Willst im Alter du dich wie ein Jüngling regen, musst du den Magen mit Stephinsky pflegen!« Immerhin wurde der Apotheker 94 Jahre alt. Zum Museum gehört auch ein Kräutergarten. *Di–Fr 14–17, Sa/So 11/16 Uhr, Werther Str. 13/15*

Hürten-Heimatmuseum

Die umfangreiche Sammlung zur Geschichte und Kultur Bad Münstereifels ist im Romanischen Haus untergebracht und nach einem der Museumsgründer, Karl Hürten, benannt. Sammlungsschwerpunkte sind eine bürgerliche Wohnstube aus dem 18. Jh., eine komplett eingerichtete Weberwerkstatt, eine Gaststube aus dem 19. Jh. sowie archäologische Funde seit der Steinzeit und Fossilien. *Di–Fr 9–12, Mi zusätzlich 14–16, Sa/So 13–16 Uhr, Langenhecke 6*

RESTAURANTS

Bauernstube

Das Restaurant in der Fußgängerzone bietet gutbürgerliche und internationale Küche. *Mi geschl., Entenmarkt 4, Tel. 02253/79 86, Kategorie 2*

Heinos Café

Nicht versäumen sollte man einen Besuch von Heinos Rathaus-Café. Der blonde Schlagersänger mit der Sonnenbrille zeigt hier, dass er auch mit Tortenkreationen brillieren kann. Besonders beliebt: Heinos Haselnusstorte. Keine Angst: In seinem Café singt er recht selten. *Marktstr. 18, Tel. 02253/66 50*

EINKAUFEN

Römische Glashütte

In der Glashütte entstehen am 1250 Grad heißen Glasofen Vasen, Flaschen und Schalen nach antikem Vorbild. In einer Galerie werden diese Erzeugnisse und geschliffene Kristallgläser verkauft. *Mo–So geöffnet, Am Orchheimer Tor, Tel. 02253/62 00*

Zimtapfel

Fragen Sie in den Konditoreien und Cafés nach einer Bad Münstereifeler Spezialität: dem »Zimtapfel«. Er wird frisch gebacken und je nach Wunsch mit oder ohne Sahne serviert.

ÜBERNACHTUNG

Jugendherberge

Die Herberge liegt am Waldrand oberhalb von Bad Münstereifel im Ortsteil Rodert. Fußweg in die Stadt rund 20 Min. *164 Betten, Herbergsweg 1–5, Tel. 02253/74 38, Fax 74 83, Kategorie 3*

Steinsmühle

Einen Aufenthalt im exklusiven Rahmen bietet das Landgasthaus Steinsmühle. Im Restaurant in der Hans-Sachs-Stube gibt es kein elektrisches Licht, sondern nur Kerzen. Das Hotel befindet sich gut zehn Gehminuten vom Zentrum entfernt. *11 Zi, Kölner Str. 122, Tel. 02253/45 87, Fax 95 06 20, Kategorie 1*

Wolfsschlucht
Direkt im historischen Stadtkern von Bad Münstereifel liegt das Hotel-Restaurant Wolfsschlucht. Von hier aus lässt sich die Stadtmauer mit ihren Wehrtürmen am besten erkunden. *15 Zi., Orchheimer Str. 19, Tel. 02253/92030, Fax 92 03 30, Kategorie 2*

SPIEL UND SPORT

Eifelbad
Das weitläufige Erlebnisbad mit Schwimm- und Sportbecken, Außenbecken, einer Riesenrutsche, Whirlpool und Sauna lädt ein zu vergnüglichen Stunden im nassen Element. *Mo ab 12 (in den Ferien ab 11), Di–Fr ab 11 (in den Ferien ab 9.30) bis 22 Uhr, Sa/So bis 20 Uhr, direkt an der B 51, Tel. 02253/50 51 45*

AUSKUNFT

Kur- und Verkehrsverwaltung
Langenhecke 2, 53902 Bad Münstereifel, Tel. 02253/50 51 82, Fax 50 51 83, www.bad-muenstereifel.de

ZIELE IN DER UMGEBUNG

Handweberdorf Rupperath (106/C 5)
Das kleine Dorf ist bekannt geworden durch die Handwebekunst. Noch heute surrt hier das Spinnrad und klappert der Webstuhl. Vom kleinsten Deckchen bis zum kirchlichen Gewand entstehen hier die unterschiedlichsten Textilien nach alter handwerklicher Tradition.

Das *Museum für Handweberkunst (tgl. 10–18 Uhr, Schulweg 1)* zeigt einen Querschnitt durch die fünf Jahrtausende lange Geschichte der Stoffherstellung.

Römische Kalkbrennerei (106/B 3)
Die aus sechs Kalköfen bestehende Brennerei in Iversheim wurde von römischen Legionären in der Zeit von 150 bis 300 n. Chr. betrieben. Der Kalkstein wurde in Iversheim gebrochen und nach dem Brennen mit flachen Kähnen erftabwärts und weiter über den Rhein verschifft. *1. Mai–31. Okt. Sa/So 11–17 Uhr, Iversheim, Kalkarer Weg*

Radioobservatorium Effelsberg (106/C 5)
Neben der Ortschaft Effelsberg steht das größte Radioteleskop der Welt, das vom Max-Planck-Institut für Radioastronomie betrieben wird. Das »Ohr zum Weltall« besitzt eine Reflektoroberfläche von 100 m Durchmesser, mit der die Radiostrahlung aus dem Weltall empfangen wird. Das Teleskop liefert den Wissenschaftlern Grundlagendaten zu Ursprung, Aufbau und Entwicklung des Universums. Eines der Langzeitprogramme untersucht zum Beispiel das Sternensystem des Andromedanebels. Für Besichtigungen ist eine Voranmeldung erforderlich unter *Tel. 02257/30 11 01.*

Tuchfabrik Müller (106/B 2)
In Euskirchen-Kuchenheim hat das Rheinische Industriemuseum eine Tuchfabrik mit ihrem Maschinenpark aus der Zeit um 1900 der Öffentlichkeit zugänglich gemacht. 1961 musste die Tuchfabrik Müller geschlossen werden. Heute werden die alten Dampf-, Spinn- und Webmaschinen wieder für die Besucher in Betrieb genommen. *Euskirchen-Kuchenheim, Carl-Koenen-Str. 25, Di–So 10–17 Uhr*

Die Marco Polo Bitte

Marco Polo war der erste Weltreisende. Er reiste in friedlicher Absicht, verband Ost und West. Er wollte die Welt entdecken, fremde Kulturen kennen lernen, nicht zerstören. Könnte er heute für uns Reisende nicht Vorbild sein? Aufgeschlossen und friedlich sollte unsere Haltung auf Reisen sein. Dazu gehören auch Respekt vor Mensch und Tier und die Bewahrung der Umwelt.

WWF®

BLANKENHEIM

(105/F 6) Als ein Idyll zwischen der hoch auf dem Berg gelegenen Burg und den alten Stadttoren, dem Hirten- und dem Georgstor (heute beherbergen sie Museen), präsentiert sich das an der Quelle der Ahr gelegene Städtchen Blankenheim (1200 Ew.). Es sind nur wenige Häuser, die hier auf engem Raum an der Kinderstube der Ahr zusammengedrängt sind, doch gerade das macht Blankenheim so sehenswert.

Zwar wurde die Burg Blankenheim erst 1273 zum ersten Mal erwähnt, doch das Geschlecht der Herren von Blankenheim, die hier gelebt haben, ist fast zwei Jahrhunderte älter. Bis zur Besetzung durch die französischen Revolutionstruppen 1794 war es eines der mächtigsten Territorialgeschlechter der gesamten Eifel. Viele Eifelburgen waren im Mittelalter Lehen der Herren von Blankenheim.

BESICHTIGUNGEN

Ahrquelle

★ In einer von außen einsehbaren Brunnenstube im Keller eines Fachwerkhauses von 1726 entspringt die Ahr, die weit unterhalb, ab Kreuzberg, zum berühmten Rotweinfluss wird. Aus der Quelle fließen durchschnittlich 700 l Wasser in der Minute. Die ersten 100 m läuft die Ahr durch einen offenen, gemauerten Kanal. Die direkte Umgebung der Ahrquelle ist die malerischste des ganzen Städtchens.

Kritiker weisen darauf hin, dass die Quelle des Nonnenbachs, in der Nähe von Blankenheim, nach gewässerkundlichen Gesichtspunkten die einzig echte Ahrquelle sei, da sie von der Mündung der Ahr in den Rhein weiter entfernt sei als die Kellerquelle in Blankenheim.

Burg Blankenheim

Ältester Teil der einstigen Burg der Herren von Blankenheim ist der dreigeschossige Palas (Saalbau einer mittlalterlichen Burg) aus dem 13. Jh. Der Wohntrakt entstand erst sehr viel später, im 20. Jh., auf den Fundamenten des vermutlichen Frauenhauses.

Pfarrkirche St. Mariä Himmelfahrt

Die spätgotische Hallenkirche wurde Ende des 15. Jhs. gebaut. Sehenswert sind das Sternengewölbe, die drei Schnitzaltäre aus dem 12. Jh. und die Grablege der Grafen von Manderscheid-Blankenheim in der Krypta. *Zuckerberg*

MUSEEN

Karnevalsmuseum
Im Georgstor, einem von 1679 stammenden Stadttor, ist das Museum eingerichtet, das die 400-jährige Geschichte des Blankenheimer Karnevals und des Geisterzuges zeigt. *Geöffnet nach Vereinbarung, Tel. 02449/83 33, im Georgstor, Ahrstraße*

Kreisheimatmuseum
Das Museum dokumentiert Natur- und Kulturgeschichte der Nordeifel, speziell des Kreises Euskirchen. Eingerichtet hinter der historischen Fassade des Hotels *Zur Post. Mai–Okt. So–Do 10–12.30, 14–17 Uhr, Nov.–April reduzierte Öffnungszeiten, Tel. 02449/951 50, Ahrstraße 57*

Naturkundemuseum
Im Hirtentor stehen die Tiere und Pflanzen der Region im Mittelpunkt. *So 10.30–12.30 Uhr und nach Vereinbarung, Tel. 02449/15 73*

RESTAURANT

Waldcafé Maus
Typische Gerichte aus der Eifeler Bauernküche. *Di geschl., Nonnenbach, Tel. 024 49/10 16, Kategorie 3*

ÜBERNACHTUNG

Jugendherberge Burg Blankenheim
Burgenromantik und moderne Ausstattung im renovierten Gemäuer aus dem 12 Jh. *158 Betten, Burg 1, Tel. 02449/950 90, Fax 95 09 10, Kategorie 3*

Kölner Hof
Im ruhigen Altstadtkern gelegenes Hotel mit komfortablen Zimmern sowie Sauna, Solarium und Fitnessraum. *23 Zi., Ahrstraße 22, Tel. 02449/14 05, Fax 10 61, Kategorie 2*

SPIEL UND SPORT

Freilinger See
Der nahe gelegene See bietet viele Möglichkeiten: Surfen, Bootfahren sowie Plätze zum Picknicken und Grillen.

AUSKUNFT

Verkehrsbüro Blankenheim
53945 Blankenheim, Tel. 02449/83 33, Fax 873 03, www.blankenheim.de

ZIELE IN DER UMGEBUNG

Hellenthal **(105/D 5)**
Mit seinen 60 Dörfern und Weilern ist Hellenthal (2350 Ew.) flächenmäßig eine der größten Gemeinden Nordrhein-Westfalens. Der Kernort liegt am Fuß der Oleftal-Staumauer und bietet zahlreiche schöne Wandermöglichkeiten. Übernachten können Sie im *Hotel-Restaurant Haus Lichtenhardt (15 Zi., An der Lichtenhardt 26, Tel. 02482/614, Kategorie 3).* Einer der zur Gemeinde Hellenthal gehörenden Orte ist ★ *Reifferscheid* **(105/D 6)**, eines der reizvollsten Burgennester der ganzen Eifel. Dorf, Burg und Kirche sind allesamt von einen einzigen Mauerring umschlossen.

Besuchenswert ist das *Wildfreigehege Hellenthal* **(105/D 5)** mit einer Greifvogelstation in den Wäldern über der Oleftalsperre. *Tgl. 9–18 Uhr, Greifvogelvorführungen jeweils 11, 14.30 und 16 Uhr*

Das Alte Zollamt im Ortsteil *Losheim* **(108/C 2)**, 20 km südlich an der belgischen Grenze gelegen, wurde zur *Euro Tecnica (Mo–Fr 12–18, Sa/So 10–18 Uhr)* umgebaut, Europas größter digital gesteuerter Modelleisenbahn. 60 Züge rollen auf über 1000 m Gleisen. Nicht weit davon befindet sich die *Krippana (tgl. 10 bis 18 Uhr),* eine der bedeutendsten Krippensammlungen Europas mit rund 150 Exponaten.

Kommern (105/F 3)
Das *Rheinische Freilichtmuseum* zeigt zahlreiche bäuerliche Anwesen, manche komplett eingerichtet, aus dem ganzen Rheinland, vor allem aus der Nordeifel. *April–Okt. tgl. 9–18, Nov. bis März 10–17 Uhr, Führungen nach vorheriger Anmeldung, Auf dem Kahlenbusch, Tel. 02443/998 00*

Kronenburg (109/D 2)
Das kleine Burgenstädtchen, nach wie vor nur durch ein mittelalterliches Stadttor zugänglich, hat sich auf hervorragende Weise die Atmosphäre eines mittelalterlichen Eifeler Burgorts bewahrt. Besonders sehenswert ist die gotische Einstützenkirche des Burgbergrings. Zu Füßen von Kronenburg liegt der *Kyllstausee,* der hier die Grenze zwischen Nordrhein-Westfalen und Rheinland-Pfalz bildet und gute Möglichkeiten zum Rudern, Surfen, Segeln und Schwimmen bietet.

Nettersheim (105/F 5)
Bereits zweimal (1991 und 1993) wurde Nettersheim (1740 Ew.) von der Deutschen Umwelthilfe zur »Bundeshauptstadt für Natur- und Umweltschutz« ausgewählt. Hier begann einst die römische Wasserleitung nach Köln, deren Brunnenstube noch zu sehen ist. Römer und Kelten huldigten dem *Matronenheiligtum Görresburg,* zu dem sich ein Spaziergang lohnt. Auf den Äckern ringsum lassen sich versteinerte Korallen finden.

Bäuerliche Architektur aus dem Rheinland: das Freilichtmuseum in Kommern

Das »Naturerlebnisdorf« zieht Besucher mit naturwissenschaftlichen und archäologischen Interessen an. Erster Anlaufpunkt ist das *Naturschutzzentrum Eifel (54397 Nettersheim, Römerplatz 8–10, Tel. 02486/12 46, Fax 78 78)* mit umfangreicher Tourist-Information und Museumsshop. In unmittelbarer Nähe des Naturschutzzentrums liegt das *Hotel Jägerhof (11 Zi., Bahnhofstr. 24, Tel. 02486/15 34, Fax 451, Kategorie 2).*

MONSCHAU

(104/B 4) In einem engen, von Schieferfelsen geprägten Tal am Zusammenfluss von Rur und Laufenbach entwickelte sich die kleine Stadt (12 500 Ew.) zu einem besonders malerischen Ort der Eifel. Monschau, das bis 1919 Montjoie hieß, ist der meistbesuchte Fremdenverkehrsort der Nordeifel. Zu Füßen der Burg und der ihr gegenüberliegenden Hallerruine wird das Stadtbild beherrscht von bilderbuchreifen Fachwerkhäusern und engen Gassen – seit 300 Jahren weitgehend unverändert.

Vor rund 800 Jahren gründeten die Herren von Valkenburg eine Burg hoch über der Rurschleife, in deren Schutz das Städtchen wuchs. Seit Ende des 17. Jhs. begann Monschau als eines der Zentren der europäischen Wolltuchfabrikation aufzublühen. Der damit verbundene Wohlstand ist bis heute am Stadtbild und den drei Kirchen abzulesen.

BESICHTIGUNGEN

Aukloster

Sehenswert sind der schlichte Kreuzgang und die Aukirche, die ab 1717 mit zum Kloster gehört. *Austraße*

Burg Monschau

1217 erstmals urkundlich erwähnt, wurde die Burg im Lauf der Zeit mehrfach umgebaut, erweitert und zerstört. Nach der Besetzung der Rheinlande durch die Franzosen wurde sie 1810 versteigert und kam in Privatbesitz. Die Dächer wurden abgerissen, um so Gebäudesteuer zu sparen, woraufhin die Burg weitgehend verfiel. 1899 erwarb die Stadt die Ruine, und seit damals werden bis heute kontinuierlich Wiederherstellungs- und Sicherungsarbeiten durchgeführt. Im wiederhergestellten Palas befindet sich heute eine Jugendherberge. *Die Burg können Sie nur im Außenbereich besichtigen.*

Sie sollten von der Brücke vor dem Eselsturm den schmalen Treppenweg zur Stadtmitte hinuntergehen, um die großartige Aussicht auf die Schieferdächer der kleinen Stadt zu genießen.

Historische Senfmühle

Eine von Deutschlands letzten handwerklich betriebenen Senfmühlen stellt den »Moutarde de Montjoie« her und weitere delikate Sorten. *Senfherstellung Mi 11 und 14 Uhr, Besichtigung sonst nur nach Voranmeldung. Guido Breuer, Laufenstraße 118, Tel. 02472/22 45*

Pfarrkirche

Der 1669 geweihte Bruchsteinbau hat eine kostbare barocke Einrichtung. Hochaltar, Seitenaltäre und Kommunionbank stammen aus dem aufgelösten Kloster Reichenstein, der Orgelprospekt aus der einstigen Klosterkirche Mariawald. *Kirchstraße*

MUSEUM

Rotes Haus

★ Der 1756 errichtete Bau ist einer der bedeutenden barocken Profanbauten des Rheinlands. Das von der Tuchmacherfamilie Scheibler als Wohn- und Kontorgebäude erbaute Rote Haus besteht aus zwei Hälften, dem *Haus zum Goldenen Helm* und dem *Haus zum Pelikan.* Besonders sehenswert ist die im Barockstil geschnitzte Wendeltreppe, die frei tragend durch alle Stockwerke führt und in den Wangen des Geländers den Werdegang der Wolltuchherstellung zeigt. Sehr wertvoll ist die gemalte Pariser Tapete im Herrenzimmer. Es werden Musterbücher mit Proben aller früher in Monschau angefertigten Tuche gezeigt, darunter Stoffe für den französischen Königshof und den Sultanshof in Istanbul. *Karfreitag–30. Nov. Di–So Einlass 10, 11, 14, 15 und 16 Uhr, Laufenstraße 10, Tel. 02472/50 71*

RESTAURANTS

Hubertusklause

Eine der besten Küchen in Monschau. Wegen der versteckten Lage oberhalb der Stadt wenig beachtet. *Di geschl., Bergstraße 45, Tel. 02472/50 36, Kategorie 2*

Perlenau

Idyllisch im Waldtal des Perlenbachs gelegen. *Mo geschl., Perlenau 1, Tel. 02472/22 28, Kategorie 2*

Kajakfahrer auf der Rur in Monschau vor schöner Fachwerkkulisse

Remise
In einem alten Fachwerkhaus im historischen Ortskern verbirgt sich ein Restaurant der Spitzenklasse. *Di geschl., Stadtstr. 14, Tel. 02472/80 08 00, Kategorie 1*

Zaunkönig
In einem alten Bauernhaus eingerichtetes Restaurant im Ortsteil Höfen. Deutsche und türkische Gerichte. *Mo geschl., Kauferberg 23, Tel. 02472/21 51, Kategorie 2*

EINKAUFEN

Eine Spezialität in Monschau, die sich zum sofortigen Verzehr anbietet, sind die *Montjoier Dütchen,* Biskuithörnchen.

Etwas Besonderes, das sich als Mitbringsel eignet ,ist der *Senf* aus der Senfmühle von Guido Breuer.

ÜBERNACHTUNG

Carat
Am Stadtausgang Richtung Aachen gelegenes, modernes Hotel, zum Teil in einer alten Tuchfabrik. Schönheitsfarm. *97 Zi., Laufenstraße 82, Tel. 02472/860, Fax 77 84, Kategorie 1*

Jugendherberge Burg Monschau
Auf einem Felsvorsprung über der Stadt liegt die »Burg Montjoie«, die heutige Jugendherberge. *96 Betten, Auf dem Schloss 4, Tel. 02472/23 14, Fax 43 91, Kategorie 3*

SPIEL UND SPORT

Die *Sommerrodelbahn* im Stadtteil Rohren ist eine der längsten Bobbahnen Deutschlands.

Wanderungen ins Hochmoor des Hohen Venns – überwiegend auf belgischem Gebiet – sind von den Stadtteilen Kalterherberg oder Mützenich aus möglich. Touren mit diplomierten Naturführern werden für Stunden, aber auch für mehrere Tage angeboten.

AUSKUNFT

Monschau Touristik
Stadtstraße 1, 52156 Monschau, Tel. 02472/33 00, Fax 45 34, www.monschau.de

ZIELE IN DER UMGEBUNG

Höhendörfer **(104/B 4–5)**
★ Vor allem die in die Stadt Monschau eingemeindeten Hö-

Ein besonderes Vergnügen: Wanderungen durch das Rurtal

hendörfer *Höfen, Kalterherberg, Mützenich* und *Rohren* sind lohnende Ausflugsziele, nicht zuletzt wegen der typischen Windschutzhecken um die alten Häuser. In Kalterherberg ist besonders die doppeltürmige Kirche sehenswert.

Naturschutzgebiet Gebirgsbach Rur **(104/B 4)**
★ Das Rurtal oberhalb von Monschau wurde wegen seiner besonders schönen und zum Teil aus seltenen Arten bestehenden Vegetation zum Naturschutzgebiet erklärt. Wanderwege führen zum ehemaligen Kloster Reichenstein.

Rurtal **(104/B–C 4)**
Zwischen Monschau und Dedenborn durchfließt die Rur eines der besonders schönen Täler der Eifel. Die Täler links und rechts der Rur eignen sich hervorragend zum Wandern. Sehenswert ist die fast 300-jährige *Kirche* mit holzgeschnitztem Kreuzweg in *Dedenborn.* Die Linde vor der Kirche wurde bei der Grundsteinlegung gepflanzt.

Komfortable Zimmer und Erholung bietet das *Wellness Hotel Waldfriede (45 Zi., Erkensruhr 106, 52152 Simmerath, Tel. 02485/ 955 00, Fax 95 50 50, Kategorie 2).*

Nostalgiefahrten mit der historischen *Vennbahn* auf der Strecke Raeren–Roetgen–Lammersdorf –Konzen–Monschau–Kalterherberg–Sourbrodt–Bütgenbach finden vom 1. Mai bis Anfang Okt. an Wochenenden statt. Von Kalterherberg und Sourbrodt aus können Sie schöne Wanderungen in das Wald- und Hochmoorgebiet des Hohen Venns unternehmen.

NIDEGGEN

(105/E 2) Auf einem fast 100 m senkrecht aus dem Rurtal aufragenden roten Buntsandsteinfelsen liegt die alte Herzogstadt Nideggen (7900 Ew.), deren Burg der Herzöge von Jülich einst einen gefürchteten Kerker hatte. Jenseits des Rurtals zieht sich, ebenfalls auf der Höhe, der Stadtteil Schmidt hin. Durch diese Kombination und durch einige sehr malerische kleine Dörfer im Rurtal selber wird Nideggen zum idealen Ausgangspunkt für das Gebiet der Rurtalsperren ebenso wie der Kermeter- und Hürtgenwaldgebiete.

Wie nur wenige andere Eifelstädtchen hat Nideggen mit seiner Altstadt ein mittelalterliches Flair behalten, zu dem besonders die alten Stadttore beitragen. Die Jülicher Herzöge waren das mächtigste Fürstengeschlecht der Eifel. Nideggen erlangte unter ihnen Ansehen und Wohlstand. Erst als die Herzöge Düsseldorf zur Residenz ausbauten, war es mit Nideggens Macht und Glanz vorbei.

BESICHTIGUNGEN

Burg Nideggen
★ Unter Kaiser Barbarossa wurde die Burg zwischen 1177 und 1191 von Graf Wilhelm II. von Jülich gebaut. 300 Jahre lang blieb sie Stammsitz des mächtigen Geschlechts der Jülicher Grafen, die später die Herzogswürde erlangten.

Als Besucher kommen Sie zunächst in einen der Hauptburg vorgelagerten Hof. Der mächtige Bergfried, Jenseitsturm genannt, war das berüchtigte Gefängnis der Herzöge von Jülich. In ihm sind mehrfach berühmte Männer eingesperrt gewesen, im 13. Jh. beispielsweise Herzog Ludwig der Bayer und der Kölner Erzbischof Konrad von Hochstaden, der Erbauer des Kölner Doms, und Erzbischof Engelbert von Falkenburg. Tief in die Felsen gearbeitet liegt die Burgkapelle, neben ihr der Kerker mit dem so genannten Angstloch, einem in den Felsen geschlagenen Augenloch, durch das die gefangenen Kölner Erzbischöfe die in der Kapelle zelebrierte Messe verfolgen konnten. Eindrucksvoll ist der Palas der Burg. Er wurde vom Jülicher Markgrafen Wilhelm V. erbaut und ist der drittgrößte Palas Deutschlands. Durch die Fensteröffnungen haben Sie einen großartigen Blick auf das Rurtal.

Pfarrkirche St. Johann Baptist
Aus dem typischen roten Sandstein der Gegend wurde die Kirche im 12. Jh. errichtet. Rechts vom Haupteingang liegt das prächtige Doppelgrab Wilhelms IV., Graf von Jülich und seiner Ehefrau. Der Graf wurde 1278 von den aufgebrachten Bürgern von Aachen erschlagen. In der Apsis finden sich Reste der Fresken von 1270. *Kirchgasse*

Stadttore
Von der alten Stadtbefestigung sind noch das Dürener und das Zülpicher Tor sehr gut erhalten.

RESTAURANTS

Forsthaus Rath
Anspruchsvolles Haus mit guter Küche im Stadtteil Rath, 2 km vom Zentrum. *Rather Straße 126, Tel. 02427/940 20, Kategorie 1*

Schmidter Bauernstube
Gutbürgerliche Küche. Im Stadtteil Schmidt, 9 km vom Zentrum. *Heimbacher Straße 53, Tel. 02474/449, Kategorie 3*

ÜBERNACHTUNG

Forsthaus Rath
Hotel im Stadtteil Rath, 2 km vom Zentrum, mit schöner Aussicht am Mausauelberg. *20 Zi., Rather Straße 126, Tel. 02427/940 20, Fax 94 02 80, Kategorie 2*

Jugendherberge
Nur sieben Gehminuten von der Burg entfernt liegt das modern ausgestattete Haus. *150 Betten, Rather Straße 27, Tel. 02427/12 26, Kategorie 3*

SPIEL UND SPORT

Wassersport: Schwimmen, Segeln, Surfen und Tretbootfahren auf der knapp 10 km entfernten Rurtalsperre Schwammenauel.

AUSKUNFT

Verkehrsamt Nideggen
Rathaus, Zülpicher Straße 1, 52385 Nideggen, Tel. 02427/80 90, Fax 809 47, www.nideggen.de

ZIELE IN DER UMGEBUNG

Abenden **(105/E 2)**
Altes Dorf mit hübschen Fachwerkhäusern im Rurtal, bekannt durch seine Trachtenkapelle und Eifeler Folkloregruppen.

Heimbach **(105/E 3)**
Am Fuß der Staumauer Schwammenauel liegt die von der Burg Hengebach überragte kleine Stadt Heimbach (4500 Ew.). Die Burg

gehört zu den frühen der Eifel. Aus dem 15. Jh. stammt die Tradition der heute noch praktizierten Marienwallfahrt nach Heimbach. Sehenswert sind in der alten Pfarrkirche St. Klemens der Antwerpener Passionsaltar aus dem 16. Jh. und die barocke Kanzel.

Im Kermeter Wald oberhalb von Heimbach treffen Sie auf die Zisterzienserabtei Mariawald aus dem 15. Jh. Die von den Mönchen in der Klosterschenke servierte Erbsensuppe sollten Sie sich nicht entgehen lassen!

Durch den Kermeter Wald führen schöne Wanderwege zur Urfttalsperre, der ältesten Talsperre im Bereich der Nordeifel. Sie liegt im militärischen Sperrgebiet des Truppenübungsplatzes Vogelsang. Deshalb ist lediglich die Staumauer vom Kermeter-Parkplatz sowie von Rurberg aus am Wochenende zugänglich.

Einen schönen Ausblick auf die Rurtalsperre haben Sie vom Parkplatz oberhalb der Jugendherberge Rurberg aus sowie von der Aussichtsstelle Schöne Aussicht in Schmidt.

Hürtgenwald (104/C 1–105/D 2)
Der Hürtgenwald war zum Ende des Zweiten Weltkriegs ein schwer umkämpftes Gebiet. Das Dorf Vossenack **(104–105/C–D 2)**, das heute zur weitläufigen Gemeinde Hürtgenwald gehört, war bei Kriegsende die am schwersten zerstörte ländliche Siedlung ganz Deutschlands. Empfehlenswert ist das Hotel mit Restaurant *Zum Alten Forsthaus Germeter* **(104/C 2,** *38 Zi., 52393 Hürtgenwald, Tel. 02429/78 22, Fax 21 04, Kategorie 1)*. Eine Ausstellung im Hotel erinnert an die schlimmsten Kriegsjahre.

Zu Hürtgenwald gehört das Kalltal mit der Siedlung *Simonskall* **(104/C 2)**, einem viel besuchten Ausflugsort. Besonders sehenswert ist dort ein aus dem 16. Jh. stammender befestigter Hof, Burg genannt.

Rurtalsperre Schwammenauel (105/D 3)
Mit einem Fassungsvermögen von gut 200 Mio. m^3 Wasser ist die eindrucksvolle Rurtalsperre Schwammenauel – zusammen mit der bei Hochwasser in sie übergehenden Trinkwassertalsperre Obersee – die zweitgrößte Talsperre Deutschlands.

Von Ostern bis Ende Oktober verkehrt die Rursee-Flotte auf dem See: Die Schiffe fahren zwischen der Staumauer Schwammenauel über Schmidt-Eschauel (Badestrand), zum Kermeterufer (Ausgangspunkt für Wanderungen im Kermeter Wald) nach Woffelsbach und Rurberg. In Rurberg können Sie in die auf dem Obersee verkehrenden Elektroschiffe nach Einruhr umsteigen. Als Stauanlage für den Hochwasserschutz und für Industriewasser unterliegt die Rurtalsperre keinen so strengen Schutzvorschriften wie Trinkwassertalsperren. Sie ist daher außerdem ein beliebtes Segelsportrevier (Segelschule beim Staudamm Schwammenauel). Private Motorboote sind nicht zugelassen. Von Rurberg bis zur Staumauer führt ein schöner Wanderweg am Seeufer entlang, der sich auch hervorragend zum Radfahren eignet. Ein unkompliziertes Hotel ist das *Landhaus Weber (11 Zi., Schwammenaueler Straße 8, 52396 Heimbach, Tel. 02446/ 222, Fax 38 50, Kategorie 3)*.

Bier, Basiliken und seltene Blumen

Die Westeifel bietet viel Natur und sportliche Abenteuer

In der Westeifel zeigt das Bergland, wie vielgestaltig es ist. Im Norden liegt mit der Schneifel, was nichts anderes bedeutet als Schnee-Eifel, das raueste Gebiet der Eifel. Nirgends sonst in der Eifel gibt es so viel Niederschlag wie hier oben am Schwarzen Mann, der mit 697 m Höhe höchsten Erhebung der Westeifel. Als Folge davon haben sich Moore gebildet, die Venne, die überall in den Wäldern zu finden sind und für Botaniker eine Fundgrube seltener Blumen darstellen. Im Süden reicht das Gebiet bis vor das Moseltal, bis ins untere Sauertal, wo sich wegen des milden Klimas und der Fruchtbarkeit des Bodens die vornehmen Römer aus der Augusta Treverorum, aus Trier also, einst ihre Sommervillen bauten. Die Westeifel hat zwei Mittelpunkte: die Städte Bitburg und Prüm.

Seit den Zeiten der Römer ist die Stadt Trier an der Mosel die wichtigste Stadt für die gesamte Westeifel, ja für den gesamten heute zu Rheinland-Pfalz gehörenden Teil der Eifel. Als Sitz wichtiger Behörden, einer Universität, von Museen, Theatern und Kaufhäusern hat Trier bis heute eine für die südliche Eifel überragende Bedeutung und ist hier mit aufgenommen, obschon die Stadt eigentlich nicht mehr zur Eifel, sondern zur Region Mosel zu rechnen ist.

Eine besondere archäologische Sehenswürdigkeit der Eifel ist die Römervilla Otrang bei Bitburg

BITBURG

(115/E 3) Wenn man so will, macht jedes Kraftfahrzeug, das beim Straßenverkehrsamt des Kreises Bitburg-Prüm registriert ist, Werbung für das in Bitburg gebraute Bier, ist doch dieses amtliche Kfz-Kennzeichen (BIT) identisch mit jenem Werbekürzel, mit dem für das Eifel-Bier geworben wird. Möglicherweise hatten bereits die Kelten vor mehr als 2000 Jahren eine *Beda* genannte Siedlung dort oben auf der Hochfläche zwischen Nims und Kyll. Die Römer bauten sie aus zu einer wichtigen Station an der Heerstraße, die von Lyon im Rhônetal über Trier nach Köln führte. Kaiser Konstantin ließ im 4. Jh. den Rastplatz zu einem befestigten Kastell ausbauen – ein Stück der Mauer hat man rekonstruiert. In fränkischer Zeit war Bitburg Mittelpunkt des weitläufigen Bedagaus. Im 13. Jh. fiel die Stadt zunächst an das Erzstift Trier, später an Luxemburg. Als luxemburgischer Besitz war Bitburg zeitweise burgundisch, spanisch, österreichisch und zuletzt französisch. Erst nach dem Wiener Kongress gehörte die Stadt zu Preußen. Im Frühjahr 1945 wurde Bitburg durch Bombenangriffe erheblich zerstört. Heute ist Bitburg (12 100 Ew.) Verwaltungsmittelpunkt der gesamten Westeifel und ein wichtiges Wirtschaftszentrum.

BESICHTIGUNGEN

Stadtführungen jederzeit auf Voranmeldung ab Verkehrsbüro.

Bitburger Brauerei

Noch vor 100 Jahren gab es drei große Brauereien. Heute hält die Bitburger Brauerei, deren Erzeugnisse in die ganze Welt exportiert werden, die jahrhundertealte Brautradition aufrecht. Im 1989 errichteten Kommunikationszentrum der Brauerei wird umfassend über das Werden des Biers, über Land und Leute informiert. Sehenswert ist der Bierbrunnen neben dem Sudhaus der Brauerei. *Besichtigung nach Voranmeldung Mo–Fr, Tel. 06561/144 97, Römermauer 3*

Liebfrauenkirche

★ Wahrscheinlich an der Stelle eines römischen Heiligtums entstand zunächst eine romanische, seit 1420 eine gotische Kirche. Sie wurde mehrfach erweitert und vergrößert, zuletzt im 19. Jh. 1922 bezog man die bestehende gotische Kirche als Querhaus in einen Neubau ein. Aus der gotischen Zeit sind im Inneren noch sehenswerte Säulen und Kapitelle erhalten. Interessant ist der ehemalige Hochaltar der Kirche, der jetzt im Seitenschiff steht. Reste des 1945 zerstörten Re-

MARCO POLO TIPPS FÜR DIE WESTEIFEL

1 Stiftskirche in Kyllburg
Die Glasfenster zählen zu den großen kunsthistorischen Sehenswürdigkeiten der Eifel (Seite 48)

2 Irreler Wasserfälle
Ein tosendes Wasserschauspiel (Seite 47)

3 Abtei Prüm
Das einstige Residenzgebäude erinnert an den kleinen Klosterstaat der Benediktiner (Seite 50)

4 Neuerburg
Eindrucksvolle Ruinen der einst größten Festung der Eifel (Seite 49)

5 Liebfrauenkirche zu Bitburg
Eine Ansicht der Stadt von 1608 auf dem Renaissancealtar (Seite 44)

6 Domfreihof, Kaiserthermen und Porta Nigra in Trier
Bauten aus dem 2., 3. und 11. Jh. in Deutschlands ältester Stadt (Seite 53, 54)

naissance-Altars befinden sich in der Kriegergedächtnisstätte unter dem Turm. Auf dem Vesperbild des Mittelstücks ist eine Ansicht der Stadt Bitburg zu sehen – und zwar aus der Zeit um 1608. *Hauptstraße*

Römermauer
Teile der römischen und mittelalterlichen Stadtbefestigung sind noch an der so genannten Römermauer erhalten. Nach dem Zweiten Weltkrieg war man bemüht, in dem fast völlig zerstörten Ort die alte Stadtmauer im Bereich des Rathauses wieder aufzubauen. Auf einer Länge von etwa 40 m ist hier die bis zu 4 m hohe römische Stadtmauer erhalten oder rekonstruiert. Einst waren die Stadtmauern durch Rundtürme gesichert, die etwa 10 m stark waren. Vor dem Rathaus beginnt ein archäologischer Rundweg durch das römische Bitburg.

MUSEEN

Haus Beda
Als Kulturzentrum von überregionaler Bedeutung bietet das Haus Ausstellungsräume und einen Festsaal und beherbergt neben der städtischen Bücherei ein Bilder- und Skulpturenmuseum. Dort hängen etwa 80 Gemälde Fritz von Willes (1860–1951), dem bedeutendsten Eifelmaler der Düsseldorfer Schule. *Mo–Fr 15–18, So 14–18 Uhr, Bedaplatz 1*

Kreismuseum Bitburg-Prüm
Das Museum zeigt eine umfangreiche Sammlung vor- und frühgeschichtlicher Funde aus der Südeifel, sakrale und weltliche Kunst, Möbel, Haus- und Landwirtschaftsgeräte. Besonders interessant ist dabei die Sammlung gusseiserner Taken-, Kamin- und Ofenplatten aus den Eisenhütten der Umgebung, vor allem aus Quint und Weilerbach. Takenplatten nannte man die gusseisernen, meist mit biblischen Motiven versehenen Ofen- oder Kaminplatten, die früher in den Eifelhäusern im Taken, der Nische über dem Küchenherd zur dahinter liegenden Wohnstube, angebracht waren. Die Platten erwärmten sich über dem Feuer und strahlten die Wärme in die Stube ab. Diese Takenplatten, die es in verschiedenen Größen gibt, sind bei Sammlern sehr beliebt. *Mi–Mo 14–17, April.–Sept. werktags auch 10–13 Uhr, Trierer Str. 15*

RESTAURANTS

Eifeler Kuhstall
Ein originelles Restaurant, das in der Art eines Kuhstalls und einer Milchküche eingerichtet ist. Die Küche bietet argentinische Steaks und Eifeler Gerichte. *Karrenweg 13, Tel. 06561/47 71, Kategorie 2*

Zum Simonbräu
Brauereiausschank der Bitburger Brauerei mit Bierstube, in der eine kupferne Sudpfanne die Theke ersetzt. In der Braustube werden rustikale Eifeler Gerichte angeboten. Spezialitäten im Restaurant sind: Fisch und Entenbrust in Himbeeressigsoße. *Am Markt 7, Tel. 06561/33 33, Braustube Kategorie 3, Restaurant Kategorie 1*

HOTELS

Eifelbräu
Familiär geführtes Hotel mit gutem Restaurant im Zentrum.

28 Zi., Römermauer 36, Tel. 06561/ 91 00, Fax 91 01 00, Kategorie 2

Freizeit- und Erlebnishotel Eifelstern
Zwei flugbegeisterte Geschäftsleute haben den Offiziersclub der ehemaligen US-Air Base in das Freizeit- und Erlebnishotel umgewandelt. Abends trifft man sich im Restaurant Lindberg oder in der Doppeldecker-Diskothek. *92 Zi., Charles-Lindbergh-Str. 6, Tel. 06561/ 915 00, Fax 91 50 10, Kategorie 2*

Romantikhotel Zum alten Brauhaus
Im 11 km entfernten Dudeldorf ist das Romantikhotel eine der ersten Adressen in der Westeifel. Das Haus hat sowohl im Hotel als auch im Restaurant eine französische Note. *15 Zi., 54647 Dudeldorf, Herrengasse 2, Tel. 06565/ 20 57, Fax 21 25, Kategorie 1*

AM ABEND

Diskothek Castell
Aktuelle internationale und deutsche Musik für ein jugendliches Publikum mit Ausruhmöglichkeit an der Bar »Fridays«. *Mi, Fr, Sa ab 21 Uhr, Erdorfer Str. 19, Tel. 06561/33 09*

Flugplatz Bitburg
Mehrere Diskotheken *(Doppeldecker, Kowalski)*, Clubs *(Tic-Tac)* und andere Erlebnislokale *(Kaschemme, Lallermann)* befinden sich auf dem Gelände des Flugplatzes.

SPIEL UND SPORT

Eislaufen
In der Eissporthalle Bitburg. *Mitte Sept.–März, Mi–So 14–22 Uhr*

Golf
Auf dem *Golfodrom Baustert* 13 km nordwestlich *(Tel. 06527/17 46)* und im *Golf Resort Bitburger Land* 6 km westlich in Wissmannsdorf *(Tel. 06527/927 20)*.

Kartbahnen
Kartdrom mit Innen- und Außenbahnen auf dem Flugplatz Bitburg. *Tel. 06561/94 20 00*

Schwimmen
Cascade-Erlebnisbad: Hallenbad mit Whirlpools, Außenbecken, Solarien und Dampfbädern. *Talweg 4, Tel. 06561/968 30*

AUSKUNFT

Touristik-Info Bitburger Land
Im Graben 2, 54634 Bitburg, Tel. 06561/943 40, Fax 94 34 20, E-Mail touristinfo.bitburg@t-online.de

ZIELE IN DER UMGEBUNG

Bollendorf **(114/C 5)**
Wichtigster und attraktivster Fremdenverkehrsort (1500 Ew.) an der Sauer, die hier die Grenze zum Großherzogtum Luxemburg bildet. Bollendorf existierte bereits zur Römerzeit (Römervilla) und gelangte 716 in den Besitz der nahe gelegenen Abtei Echternach. 1619 wurde die schlichte Burg auf einem Felsen über dem Tal zum Barockschloss ausgebaut, das heute ein Hotel beherbergt: *Hotel Burg Bollendorf (39 Zi., Tel. 06526/690, Fax 69 38, Kategorie 2)*.

Eifelpark Gondorf **(115/F 3)**
Im Kylltal nahe Bitburg entwickelte sich der Eifelpark Gondorf zum größten und buntesten Wild- und Erlebnispark der Eifel. Zuerst entstand die Bären-

schlucht. Inzwischen sind neben den Bären viele andere Tierarten und auch Gemsen, Steinböcke, Murmeltiere und Wildkatzen zu sehen. Zudem wurde der Eifelpark mit zahlreichen Attraktionen ausgestattet. *Wildpark ganzjährig tgl. 9–18, Freizeitpark April bis Okt. 9–18 Uhr, Tel. 06565/2131*

Ferschweiler Plateau (114/C 4–5, 115/D 4–5)

Geologisch, (prä-)historisch und kulturgeschichtlich ebenso wie botanisch gehört das Ferschweiler Plateau zu den größten Sehenswürdigkeiten der Eifel. Wie eine natürliche Festung wirkt das 8 km lange und 4 km breite Plateau, das an drei Seiten durch die steil in die Täler von Sauer und Prüm abfallenden Felsen geschützt ist. Auf der vierten Seite sichern riesige vorgeschichtliche Wälle das Plateau. Romantische Täler, riesige Felsklüfte und tiefe Schluchten bieten auf diesem nach dem Hauptort Ferschweiler benannten Plateau eine Fülle von reizvollen Zielen.

Die Siedlungsspuren gehen bis in die Jungsteinzeit zurück. Grabfunde und verschiedene Menhire lassen die Vermutung zu, dass es hier bereits vor 5000 Jahren eine feste Siedlung gegeben hat. Die größten Sehenswürdigkeiten sind: die ★ *Wasserfälle der Prüm* bei Irrel (**115/D 5**), die wohl schönsten Wasserkaskaden in Rheinland-Pfalz. Von dort führt ein Weg zur *Teufelsschlucht.* Ein weiterer Anziehungspunkt sind die Ruinen der *Prümerburg* bei Prümzurlay (**115/D 4–5**) aus der Zeit Karls des Großen. *Auskunft: Tourist-Information, 54666 Irrel, Tel. 06525/79115, Fax 7944, E-Mail eifel@t-online.de*

Körperich (114/B 3–4)

Die Gemeinde Körperich im Gaybachtal (1070 Ew.) ist bekannt wegen ihrer Gutshäuser

Bei Irrel bildet die Prüm eine eindrucksvolle Kaskadenstrecke

Schloss Kewenig und *Schlossgut Petry* (mit dem so genannten Tapetenzimmer aus der Maria-Theresien-Zeit). Ein Bau der modernen Zeit ist das futuristische *Umweltinformationszentrum Gaytal-Park (Ostern bis Okt. tgl. 10–18, Nov.–Ostern So 10–17 Uhr, für Gruppen auf Anfrage Tel. 06566/96930)*. Das Gebäude demonstriert die Nutzung von Sonnen- und Windenergie sowie des Regenwassers. Die Außenstationen stellen die Eifeler Kulturlandschaft und ihre Wechselwirkung mit dem Menschen dar. Die Themen »Wasser« und »Stein« werden als »land art« erlebbar gemacht. Übernachten im Heu, aber auch in gemütlichen Bauernbetten und rustikal essen kann man im *Landgasthof Hinkelshof (10 Zi., Ortsteil Seimerich, Hauptstr. 14, Tel. 06566/93046, Fax 93047, Kategorie 3)*.

Der Kreuzgang der gotischen Stiftskirche von Kyllburg

Kyllburg **(115/F 2)**

Wo das Kylltal zwischen Gerolstein und der Mosel am schönsten ist, stößt man in der Kyllburger Waldeifel auf den kleinen Kneipp- und Luftkurort Kyllburg (1400 Ew.). 1239 ließ der Trierer Erzbischof Theoderich von Wied eine große Burg bauen als Schutz gegen die damals mächtigen Herren von Malberg. Bis 1350 wurde eine prächtige Stiftskirche hinzugefügt, und zwar nach dem erklärten Willen ihres Erbauers, des Trierer Erzbischofs Heinrich II., um den Grafen von Luxemburg zu imponieren.

Auf den Trierer Erzbischof Arnold II. geht das so genannte Hochgerichtsschöffenweistum von Kyllburg zurück, das zu den interessantesten Rechtsquellen des Mittelalters in der Eifel gehört. Außer mit Fragen der Gerichtsverfahren befasst es sich mit vielen Problemen des bürgerlichen Lebens. Interessant ist dabei eine Regelung, nach der die Bäcker verpflichtet waren, nach den Burgherren zuerst die Wirte und erst dann die meist adligen Burgleute und die einheimischen Bürger zu beliefern. So wurde sichergestellt, dass Fremde, die vor allem als Pilger in großer Zahl nach Kyllburg kamen, immer etwas zu essen bekamen.

Von der Burg ist nur noch der als Aussichtsturm ausgebaute Bergfried erhalten. ★ Die *Stiftskirche* ist mit Kreuzgang und Kapitelhaus eines der kostbarsten Bauwerke der Gotik des Rheinlands. Besonders wertvoll sind die drei Glasfenster von 1534, die verschiedene Szenen aus dem Leben Christi darstellen. Sie gelten als Meisterwerke der flandrisch-kölnischen Frührenaissance und gehören zu den wichtigsten Kunstwerken der Eifel. Nahe Kyllburg liegt in einer Flussschleife die zum Schloss ausgebaute *Burg Malberg* mit dem von Mateo Alberti gestalteten Park. Besichtigung nur auf Anfrage. Auskunft: *Tourist-Information Kyllburger Waldeifel, 54655 Kyllburg, Hochstr. 19, Tel. 06563/93 02 43, Fax 12 38, www.deutschlandreise.de/kyllburger-waldeifel*

Neuerburg **(114/B 2)**
Das kleine Städtchen Neuerburg (1800 Ew.) hatte einmal die größte und stärkste Festung der Eifel. ★ Die Ruinen sind immer noch höchst eindrucksvoll. Teile der Festung – Torbau und Palas – sind zwar wieder aufgebaut worden, doch nur alte Bilder vermitteln einen Eindruck von dieser für den Artilleriekrieg ausgebauten Anlage, die oft als Eifeler Gibraltar bezeichnet worden ist. Die Neuerburg war durch Bastionen und gewaltige Mauern lange Zeit uneinnehmbar. Die Franzosen mochten kein Risiko eingehen und sprengten die Anlage 1692 kurzerhand in die Luft. Inzwischen befindet sich eine *Jugendherberge* in der Burg. Der schönste und interessanteste Raum der gesamten Anlage ist die Burgkapelle, deren Inneres aus drei Jochen unregelmäßiger Gestalt besteht. Sie sind verschieden hoch und haben ein Kreuzgewölbe. Die aus dem Jahr 1492 stammende Pfarrkirche von Neuerburg mit ihrem reich geschmückten Sternengewölbe ist die größte zweischiffige Hallenkirche der Eifel. Hotel: *Zur Stadt Neuerburg, 20 Zi., Poststr. 10, Tel. 06564/21 26, Kategorie 3.* Auskunft: *Verkehrsamt Neuerburger Land, Pestalozzistraße 7, 54671 Neuerburg, Tel. 06564/194 33, Fax 692 59*

Römische Villa Otrang **(115/E 2)**
Beim Dorf Otrang nahe Bitburg liegt eine der besonders interessanten römischen Ausgrabungsstätten der Eifel. Das römerzeitliche Landgut besteht aus einer ummauerten Fläche, die ein regelmäßiges Rechteck von 379 m Länge und 132 m Breite bildet. Durch Mauerzüge und Geländeterrassierungen war das im Ostteil liegende Herrenhaus abgetrennt. Besonders sehenswert ist das Fußbodenmosaik. Zum Gutsbezirk, der wahrscheinlich die ganze Talmulde bis hin zur Kyll und zur Römerstraße umfasste, gehörten auch ein Tempelbezirk und ein Gräberfeld. *Feb.–Nov. Di–So 10–13, 14–18 Uhr*

Stausee Bitburg **(115/D 2)**
Im landschaftlich schönen Prümtal entstand bei Biersdorf der 35 ha große Stausee, um den herum ein Ferienzentrum angelegt wurde. Vielfältige Wassersportmöglichkeiten sind gegeben.

Sehr schön wohnen können Sie im *Dorint Sporthotel (98 Zi., Am Stausee Bitburg, 54636 Biersdorf, Tel. 06569/990, Fax 79 09, Kategorie 1).*

PRÜM

(109/D 4) Macht und Reichtum der einstigen Reichsabtei, die zeitweise ein souveränes Fürstentum bildete, sind immer noch spürbar, wenn man in Prüm (6000 Ew.) vor den im glanzvollen Barockstil errichteten Bauten der Fürstlichen Residenz und der angebauten St.-Salvator-Basilika steht.

Am südlichen Rand der Schneifel stiftete im Jahr 721 die Adlige Bertrada von Mürlenbach, die Mutter Karls des Großen, ein Benediktinerkloster. Ihr Enkel Pippin begann 752 mit dem Bau einer Kirche, die 799 fertig gestellt war. In Anwesenheit Karls des Großen weihte Papst Leo III. die Kirche, die fast 1000 Jahre lang als die *Goldene Kirche von Prüm* berühmt war. Damit begann die Geschichte einer Abtei, die sich durch fast ein halbes Jahrtausend geradezu atemberaubend entwickelte. Die Benediktinerabtei im Tal der Prüm war das Lieblingskind, die bevorzugte Abtei der Karolinger. Das wird besonders deutlich dadurch, dass Kaiser Lothar I., ein Enkel Karls des Großen, die letzten Tage seines Lebens als Benediktinermönch in Prüm verbrachte und 855 dort begraben wurde. Die Eifel hat damit also ein echtes Kaisergrab.

Die Karolinger bedachten die Abtei derart großzügig mit Schenkungen, dass die Besitzungen der Eifelabtei bis nach Holland reichten, bis zur Loire und Rhône, ja sogar bis in die Bretagne. Schon Ende des 9. Jhs. galt Prüm als eine der reichsten Abteien des Landes. Kein Wunder, dass dänische Normannen zweimal, 882 und 892, als ungebetene Gäste auftauchten und plünderten. Um die Jahrtausendwende waren 36 Grafen und Edelherren Vasallen von Prüm. Die Abtei hatte 119 auswärtige Besitzungen, und ihre Äbte wurden zu Reichsfürsten, die Sitz und Stimme im Reichstag hatten und Berater des Kaisers waren.

1576 machten die Erzbischöfe von Trier der Selbstständigkeit und der Macht von Prüm ein Ende. Die Abtei sank auf den Rang einer Priorei ab, das Klostergebäude war zeitweise Residenz der Trierer Erzbischöfe, die jahrhundertelang gleichzeitig Kurfürsten waren. 1802 wurde die Abtei säkularisiert.

BESICHTIGUNGEN

Abteigebäude

★ Das einstige Abteigebäude gehört zu den großen kunsthistorischen Schätzen der Eifel, kommt doch durch dieses Gebäude etwas vom Glanz des süddeutschen Barocks in dieses Bergland. Immerhin wurde der Komplex nach Plänen des berühmten Architekten Balthasar Neumann von seinem Schüler Johannes Seitz erbaut. Auf dem Trierer Erzbischofsstuhl saß damals ein Schönborn, Angehöriger einer Familie, die über lange Zeit hinweg die Bischöfe von Bamberg und Würzburg stellte und Balthasar Neumann als eine Art Hofbaumeister ansah.

Im Gebäude befindet sich heute das Reginogymnasium. Es trägt seinen Namen nach dem Prümer Abt Regino, der Ende des 9. Jhs. lebte und als Verfasser der ersten Weltgeschichte als der große Historiker des Mittelalters gilt. Eindrucksvoll ist das prunkvolle Schönbornportal an der Außenfassade, sehenswert der Kurfürstensaal im Innern, der jedoch nur während der *Sommerferien in Rheinland-Pfalz tgl. 9–17 Uhr* zu besichtigen ist. *Hahnplatz*

Basilika

Gegenüber dem einstigen Abteigebäude wirkt die Abteikirche, die 1950 in den Rang einer Basilika minor erhoben wurde, wesentlich schlichter. 1721 wurde die Goldene Kirche abgerissen und durch den heutigen Bau ersetzt. Baumeister Judas und sein Nachfolger, der Franziskanerbruder Kurz, waren im neuen Stil des Barocks noch sehr unsicher. So blieben sie beim Bewährten und bauten Mitte des 18. Jhs. die neue Kirche im gotischen Stil. Sehenswert sind allerdings das reich geschnitzte Chorgestühl von 1731 sowie das 1874 von König Wilhelm von Preußen gestiftete Grabmal Lothars I. vor dem Hochaltar.

MUSEEN

Infostätte Mensch und Natur
Die Ausstellung bietet eine einmalige Fossiliensammlung aus dem Prümer Land und Informationen über die Vogelwelt, das Leben im Wasser und die Nutzung des Waldes. *Di, Do und So 15–17 Uhr, Tiergartenstr.*

Museum Prüm
Das Museum zeigt in sechs Abteilungen Exponate zur Geschichte der Abtei und der Stadt, zum bürgerlichen und bäuerlichen Leben vom 18. Jh. bis zur heutigen Zeit. Interessant sind ein Eifeler Tante-Emma-Laden sowie eine kleine Dorfkneipe. *1. Juni–15. Sept. Di, Do, So 14–17, 16. Sept.–Mai Mi und So 14–17 Uhr, Tiergartenstraße 54*

RESTAURANT

Zur alten Abtei
Das Restaurant mit einer bemerkenswert schönen Innenausstattung liegt unmittelbar neben dem einstigen Abteigebäude. *Mi geschl., Hahnplatz 24, Tel. 06551/23 60, Kategorie 3*

ÜBERNACHTUNG

Jugendherberge
Voraussichtlich bis Sommer 2001 wegen Renovierung geschlossen. *100 Betten, Pferdemarkt, Tel. 06551/25 00, Kategorie 3*

Landhotel am Wenzelbach
Ruhig gelegenes Komforthotel am Stadtrand. Gute Küche, auch vegetarische Kost und Eifeler Gerichte. *13 Zi., Restaurant Do geschl., Kreuzer Weg 30, Tel. 06551/953 80, Fax 95 38 39, Kategorie 2*

AUSKUNFT

Verkehrsamt Prümer Land
Hahnplatz 1, 54595 Prüm, Tel. 06551/505, Fax 76 40, E-Mail TI-Pruem@t-online.de

ZIELE IN DER UMGEBUNG

Bleialf **(108/B 4)**
Der Mittelpunkt der Schneifel ist ein alter Bergwerksort, der bereits 893 erstmals erwähnt wurde. Von 1187 stammt die manchmal als *Schneifeldom* erwähnte Marienkirche mit ihren interessanten Fresken. In Bleialf wurde vor allem Blei geschürft. Bereits die Römer gewannen dieses Metall, das sie zur Herstellung von Waffen benötigten. Die Blütezeit des Bleibergbaus in der Schneifel lag jedoch im 19. Jh., als hier der größte Wasserknecht Europas, eine mit Dampf betriebene Wasserpumpe, arbeitete. 1894 wurde der Bleibergbau eingestellt. Seitdem sind die Abraumhalden von Bleialf beliebtes Ziel von Mineraliensammlern.

Ein Bleibergwerksstollen ist zu Schauzwecken hergerichtet und kann besichtigt werden. *Mai bis Okt. Sa und So 14–17 Uhr*

Niedermehlen **(108/C 4)**
Einer der wenigen geschlossenen Wacholderbestände der Eifel hat sich in Niedermehlen erhalten. Mächtige Bäume bilden hier einen regelrechten *Wacholderurwald.*

Niederprüm **(109/D 5)**
Nur 2 km vom Zentrum Prüms entfernt, am südlichen Stadtrand, liegt in Niederprüm das ehemalige Benediktinerinnenkloster. 1190 wurde es gegründet, als Prüm auf der Höhe seiner Macht war. Leider ist nur die 1677 geweihte Kirche zugänglich. Der Innenraum hat ein schönes Chorgestühl und eine wertvolle Kanzel, die noch aus der Zeit der Kirchenentstehung stammt.

Interessant ist die wie ein Balkon an die Nordwand gebaute Empore, von der aus die Äbtissinnen dem Gottesdienst folgen konnten. Im früheren Klostergebäude befindet sich heute eine Missionsschule.

TRIER

(115/F 6) Es gibt zwar Konkurrenten, aber die Trierer (105 000 Ew.) bestehen darauf: Ihre Stadt, die Weinhandelsmetropole an der Mosel, 1000 Jahre lang Sitz eines Erzbischofs, der lange Zeit auch Kurfürst war, ist die älteste Stadt Deutschlands. »Ante Romam Treveris Stetit Annis Mille Trecentis Perstet Et Eterna Pace Fruatir.« (Vor Rom stand Trier 1300 Jahre. Möge es weiter bestehen und sich eines ewigen Friedens erfreuen.) Diese lateinische Inschrift am *Roten Haus* am Hauptmarkt in Trier gibt die Trierer Überlieferung wieder, wonach Trier bereits 1300 Jahre vor der Gründung Roms bestanden haben soll. Damit läge der Anfang Triers um das Jahr 2000 v. Chr. Nachgewiesen ist die Gründung Triers als römische Siedlung *Augusta Treverorum* im Jahr 14 v. Chr. Doch damals gab es an dieser Stelle bereits eine Siedlung keltischer Treverer.

Diese Gründung durch Kaiser Augustus führte zu einer rund ein halbes Jahrtausend währenden römischen Herrschaft. Im 2. Jh. entstanden die Großbauten, deren Ruinen heute noch so beeindrucken: Porta Nigra, Amphitheater, Thermen, Stadtmauer.

Nach 285 wurde Trier Residenz der römischen Kaiser des Westreichs. Konstantin der Große (306–337) machte von Trier aus das Christentum zur Staatsreligion im Römischen Reich. So entstanden bereits damals zahlreiche Kirchen. 480 fiel Trier in die Hände der Franken. Unter Karl dem Großen erhielt der Trierer Bischof die Erzbischofswürde, welche erst 1806 verloren ging. In dieser gesamten Zeit, rund 1000 Jahre lang, bestimmten die Erzbischöfe, die im 14. Jh. die Kurfürstenwürde errangen und Trier zum Kurstaat machten, das Leben in Trier und in weiten Teilen der Eifel.

BESICHTIGUNGEN

Stadtrundgänge: vom 1. April bis zum 31. Oktober täglich um 11 und um 14 Uhr unter dem Motto »Zweitausend Schritte gleich zweitausend Jahre« ab Tourist-Information an der Porta Nigra

Kurfürstliches Palais, heute Verwaltungssitz, und Basilika in Trier

Stadtrundfahrten: vom 1. April bis zum 31. Oktober täglich um 10.30 und 14.30 ab Porta Nigra

Barbarathermen

Dicht bei der Römerbrücke liegen die früher kostbar ausgestatteten Barbarathermen, die drittgrößten der antiken Welt. *Jan.–So vor Ostern 9–13 und 14–17, Karwoche–Sept. 9–13 und 14–18, Okt. und Nov. 9–13 und 14–17 Uhr, Mo und Dez. geschl.*

Basilika

Konstantin der Große baute diese Gebäude nach 300 als Residenzschloss aus. Nur der Hauptsaal, die Basilika, ist erhalten. Kunsthistoriker betrachten die Basilika als eines der großartigsten Gebäude des Altertums. Heute dient sie als evangelische Kirche. *April–Okt. Di–Sa 9–18 und 14–18, So 12–18 Uhr, Nov.–März Di–Sa 11–12 und 15–16, So 12–13 Uhr, Konstantinplatz*

Domfreihof

★ Neben der frühgotischen Liebfrauenkirche und dem barocken Palais Kesselstadt beherrscht der salische Westbau des Doms aus dem 11. Jh. diesen Platz. Der Dom wurde über den Resten einer von Konstantin dem Großen errichteten Kirche erbaut. *Nov.–März tgl. 6.30–17.30, April bis Okt. tgl. 6.30–18 Uhr, Domfreihof, Anfragen wegen Führungen an das Dombüro, Tel. 0651/758 01*

St.-Georgs-Brunnen

Am Kornmarkt erinnert der Brunnen von 1751, ein herausragendes Beispiel des Rokoko in Deutschland, an den Trierer Kurfürsten Franz Georg von Schönborn.

Kaiserthermen

★ Mit dem Bau der gewaltigen Anlage wurde nach 300 unter Konstantin begonnen. Sie stellte eine der größten Thermenanlagen der antiken Welt dar, ist allerdings nie ganz fertig geworden. *Jan.–So vor Ostern tgl. 9–17, Karwoche–Sept. tgl. 9–18, Okt. und Nov. tgl. 9–17, Dez. tgl. 10–16 Uhr, Kaiserstraße/Ecke Weberbach*

Karl-Marx-Haus

Im Geburthaus des Philosophen und Sozialisten ist ein Museum untergebracht. In dem barocken Bürgerhaus sind Dokumente zum Leben und Wirken des Begründers der modernen Arbeiterbewegung ausgestellt. *Mo 13–18, Di–So 10–18, Nov.–März Mo 15 bis 18, Di–So 10–13 und 15–18 Uhr, Brückenstr. 10*

Porta Nigra

★ Ende des 2. Jhs. als Teil der gewaltigen Stadtmauer erbaut, ist die Porta Nigra das besterhaltene römische Stadttor außerhalb des Mittelmeerraums. Von Mitte des 11. Jhs. bis Anfang des 19. Jhs. befand sich in der Porta Nigra eine Kirche, die Napoleon beseitigen ließ. *Öffnungszeiten wie Kaisertherme, Porta-Nigra-Platz*

Römerbrücke

Seit dem 2. Jh. dient die Römerbrücke dem Verkehr. Sie ist damit – zumindest was ihre Pfeiler anlangt – die älteste heute noch benutzte Brücke Deutschlands.

Römisches Theater

Das Amphitheater, um das Jahr 100 errichtet, ist das älteste erhaltene Bauwerk Triers. Es fasste 20 000 Zuschauer. Es fanden dort blutige Kämpfe zwischen Tieren, zwischen Menschen und Tieren und Gladiatoren statt – entsprechend den Bräuchen der damaligen Zeit. *Öffnungszeiten wie Kaiserthermen, Olewiger Straße*

MUSEEN

Bischöfliches Dom- und Diözesanmuseum

Die reiche Sammlung umfasst Exponate aus der Zeit des frühen Christentums, des Mittelalters und der Neuzeit. Einen besonderen Rang nimmt die aus vielen Fragmenten zusammengesetzte Putzdecke aus dem 4. Jh. eines Zimmers im Wohnpalast ein, den man unter dem Trierer Dom gefunden hat. *April–Okt. Mo–Sa 9–17, So 13–17, Nov.–März Di–Sa 9–13 und 14–17, So 13–17 Uhr, Windstraße 6–8*

Rheinisches Landesmuseum

Das Museum ist für jeden, der sich mit Kunst und Geschichte der Eifel beschäftigt, ein Muss. Alle bedeutsamen Funde aus der Vorgeschichte, der Römerzeit und dem Mittelalter wurden hier versammelt. Sie stammen aus dem Teil der Eifel, der einst zum Kurfürstentum Trier gehörte. *Di–Fr 9.30–17, Sa/So 10.30 bis 17 Uhr, Weimarer Allee 1*

RESTAURANTS

Bagatelle

Im alten Trierer Fischerviertel Zurlauben direkt am Moselufer gelegen. Vor allem im Sommer angenehm. *Zurlaubener Ufer 78, Tel. 0651/297 22, Kategorie 1*

Zum Domstein

Man sitzt sehr schön im Innenhof, mitten in der Altstadt am Hauptmarkt. Es gibt eine Auswahl altrömischer Feinschmeckergerichte, deren Rezepte Apicius, dem Koch am römischen Kaiserhof, zugeschrieben werden. *Hauptmarkt 5, Tel. 0651/744 90, Kategorie 1*

Zu Zeiten der Römer war die Porta Nigra Teil der imposanten Stadtmauer

Palais Kesselstatt

Gegenüber dem Dom, mit Restaurant, Bistro und Weinkeller. Im Sommer große Terrasse mit Blick auf den Dom. *Liebfrauenstraße 10, Tel. 0651/411 78, Kategorie 1–2*

EINKAUFEN

Triers Einkaufsstraßen sind die von der Porta Nigra zum Hauptmarkt führende Simeonkönigstraße und ihre Verlängerungen Fleisch- und Brotstraße.

HOTELS

Altstadthotel

Historisch restauriertes Patrizierhaus neben der Porta Nigra. *56 Zi., Porta-Nigra-Platz, Tel. 0651/480 41, Fax 412 93, Kategorie 2*

Dorint Porta Nigra

Beste Lage an der Porta Nigra. Komfortabler Ausgangspunkt für Stadtbesichtigungen oder einen Bummel am Abend. *106 Zi., Porta-Nigra-Platz 1, Tel. 0651/270 10, Fax 270 11 70, Kategorie 1*

Petrisberg (garni)

Über der Stadt gelegen (15 Minuten Fußweg ins Zentrum) mit schönem Rundblick über alle Baudenkmäler. Zum Haus gehört eine gemütliche Weinstube. *35 Zi, Sickingenstr. 11–13, Tel. 0651/46 40, Fax 464 50, Kategorie 2*

Jugendgästehaus Trier

Am Moselufer in der Nähe der Seilbahn. Überwiegend 2- und 4-Bett-Zimmer. *248 Betten, An der Jugendherberge 4, Tel. 0651/146620, Fax 1466230, Kategorie 3*

AUSKUNFT

Tourist-Information Trier

An der Porta Nigra, 54290 Trier, Tel. 0651/97 80 80, Fax 447 59, www.trier.de

Land über erloschenen Feuern

Um Daun, Gerolstein und Manderscheid gibt die Erde ihre Geheimnisse preis

Nirgends sonst in der Eifel lässt sich die Erde so in ihre intimsten Geheimnisse blicken wie in der Vulkaneifel zwischen Gerolstein und Wittlich, zwischen Manderscheid und Ulmen. Dort reihen sich die erloschenen Vulkane wie Maulwurfshügel auf einer großen Wiese aneinander. Wenn auch heute über keinem von ihnen mehr eine Rauchwolke schwebt, so sind doch viele dieser Eifelberge, auch vom geologischen Laien, als Vulkane zu erkennen. Gewaltige Krater sind ihre oft unübersehbaren Kennzeichen. Lavageröll und Basaltsäulen, Bims und Tuff, die vor Jahrtausenden bei Vulkanausbrüchen aus der Erde geschleudert wurden, liegen offen zutage. An manchen Stellen schimmern Maare und Kraterseen als nasse Augen des Berglands.

Die Vulkaneifel ist sicherlich jener Teil, an den man denkt, wenn von der Eifel die Rede ist. Doch nicht nur die großartigen Spuren der Erdgeschichte lassen sich dort betrachten wie in einem aufgeschlagenen Lehrbuch der Geologie. Auch die menschliche Geschichte hat ihre Spuren hinterlassen. Gerade in diesem Teil der Eifel drängen sich die schönsten und bekanntesten Burgen auf kleinem Raum. Sie setzen in der Landschaft der erloschenen Vulkane ganz besondere und unübersehbare Akzente.

Burgen von Manderscheid: die Oberburg mit dem romanischen Bergfried und die Niederburg

DAUN

(110/B 5) So, wie die Vulkaneifel das Herz der Eifel ist, so ist wiederum die Kreisstadt Daun mit ihren 7700 Einwohnern das Herz der Vulkaneifel. Daun ist im oberen Liesertal nicht nur Wirtschafts- und Verwaltungszentrum der Vulkaneifel, auch touristisch führt kein Weg an Daun vorbei. Hier laufen die die Südeifel durchquerenden Hauptwanderwege des Eifelvereins zusammen. Von hier aus erschließen sich die Maare und Vulkane, die Burgen und alle anderen Sehenswürdigkeiten der Region.

Der Name Daun ist keltischen Ursprungs und bedeutet so viel wie befestigter Wohnsitz. Es ist das gleiche Wort, das im englischen »town« steckt. 731 baute ein gewisser Sigumbert eine Burg. Aus der Burg des Sigumbert entwickelte sich eine Befestigung, die dem zeitweise mächtigen Herrschergeschlecht derer von Daun vom Kaiser als Lehnsgut gegeben wurde. Als dieses Geschlecht 1407 ausstarb, ging der Name Daun auf ein Burgmannengeschlecht über. Zwei Männer aus diesem Geschlecht, Vater und Sohn, haben Geschichte gemacht. Graf Wierich von Daun wurde im Spanischen Erbfolgekrieg Vizekönig von Neapel. Sein Sohn, Graf Leopold von Daun, war als Feldmarschall von Kaiserin Maria Theresia der berühmte militärische Gegenspieler Friedrichs des Großen und schlug die Preußen bei Kolin (1757). An diesen Sieg des Eifeler Grafen erinnert der Säulenbau der Gloriette im Schlosspark von Schönbrunn in Wien. Und im Zentrum der österreichischen Hauptstadt steht heute noch das Palais Daun-Kinsky, das auf diese Weise an die Verbindung des Grafen aus der Eifel mit dem mächtigen Haus Habsburg und der Hauptstadt Wien erinnert.

BESICHTIGUNGEN

Burg Daun

Nur Reste blieben von der einstigen Burg der Grafen von Daun: das Außentor mit Wächterhaus und die Ringmauer mit Basteitürmchen. Von dort oben haben Sie einen schönen Blick über die Stadt.

Dauner Sprudel

Die Abfüllung des Heilwassers der Dunarisquelle in Daun können Sie im Rahmen von Führungen besichtigen, das Wasser probieren. *Mo–Fr nach Anmeldung, Maarstraße, Tel. 06592/96980*

Kurpark

Neben vielen schönen Möglichkeiten zu Spaziergängen bietet der Kurpark einen offenen Brunnen, aus dem Sie das Heilwasser der Dunarisquelle trinken können. Ein besonderer Anziehungs-

MARCO POLO TIPPS FÜR DIE VULKANEIFEL

1 Das Urpferd
Im Eckfelder Maar fand man das besterhaltene Urpferdeskelett Europas (Seite 66)

2 Burgen von Manderscheid
Romantik alter Ritterburgruinen schlechthin (Seite 67)

3 Geopfad von Hillesheim
Der Pfad erschließt Geheimnisse der Erdgeschichte (Seite 64)

4 Eifeler Glockengießerei
In Brockscheid kann man sehen, wie Kirchenglocken entstehen (Seite 67)

5 Eifelvulkan Mosenberg
Mit Kratersee, ausgebrannten Lavafelsen und weiter Aussicht (Seite 68)

6 Totenmaar bei Daun
Wenn der Besenginster blüht, wird das Totenmaar zum schönsten Punkt der Eifel (Seite 60)

punkt ist ein 15 t schwerer Basaltfelsen, der mit 16 Reliefs künstlerisch gestaltet ist. *Maarstraße*

MUSEUM

Vulkanmuseum
Als Teil des Eifeler Geoparks entstand in Daun ein Vulkanmuseum, das mit seinen Exponaten auf die bewegte erdgeschichtliche Vergangenheit der Vulkaneifel hinweist. *April–Okt. Di–Fr 13 bis 16.30, Sa/So 11–16.30, Nov.–März Mi–Fr 14–16.30, Sa/So 11–16.30 Uhr, Leopoldstraße 9*

RESTAURANTS

Gourmetrestaurant Graf Leopold
Die erste Adresse in der Vulkaneifel, eingerichtet in den historischen Räumen des alten kurfürstlichen Amtshauses. *Schlosshotel, Auf dem Burgberg, Mo, Di geschl., Tel. 06592/92 50, Kategorie 1*

Kucher's Landhotel
Exquisites Landhaus mit herausragender Küche in Darscheid (ca. 5 km entfernt). Chefkoch Martin Kucher kocht im Gourmetrestaurant neue deutsche Küche und in der Bauernstube ansprechende regionale Gerichte. Der phänomenale Weinkeller umfasst 850 verschiedene Positionen. *Karl-Kaufmann-Str. 2, Mo geschl., Tel. 06592/629, Kategorie 1 bzw. 2*

ÜBERNACHTUNG

Jugendherberge
Das Haus liegt im Grünen zwischen der Stadt und den Maaren. Das Gemündener und das Weinfelder Maar sind in Fußweite. *147 Betten, Am Dreesberg, Tel. 06592/28 84, Kategorie 3*

Landgasthof Michels
Das ländliche Haus mit gehobenem Niveau ist 5 km vom Stadtzentrum entfernt. *29 Zi., Schalkenmehren, St. Martin-Straße 9, Tel. 06592/92 80, Kategorie 2*

Schlosshotel Kurfürstliches Amtshaus Dauner Burg
Exklusives Hotel in historischen Räumen. *30 Zi., Auf dem Burgberg, Tel. 06592/92 50, Fax 92 52 55, Kategorie 1*

SPIEL UND SPORT

Fliegen/Fallschirmspringen
Vom Flugplatz Daun-Senheld aus. *Tel. 06592/29 76 oder 27 55*

AUSKUNFT

Kur- und Verkehrsamt Daun
Leopoldstraße 5, 54550 Daun, Tel. 06592/951 30, Fax 95 13 20, www.Daun.de

ZIELE IN DER UMGEBUNG

Bad Bertrich **(117/D 1)**
Für viel Geld hatte sich seinerzeit Clemens Wenzeslaus, der letzte Kurfürst von Trier, in Bertrich am Üssbach ein luxuriöses Schlösschen bauen lassen. Doch ehe er es beziehen konnte, kamen die französischen Revolutionstruppen und vertrieben den Kurfürsten. Heute ist das Schlösschen Mittelpunkt der Kuranlagen. Das kleine Bad (1400 Ew.) hat die einzige warme Glaubersalzquelle Deutschlands. Bereits die Römer kannten und nutzten die 32 Grad warme Quelle: 1881 fand man die Überreste des römischen Badehauses.

Treffend charakterisierte der Arzt und literarische Vater des

»Struwwelpeters« Heinrich Hoffmann 1849 das idyllische Bad Bertrich als »Spielzeugbad«. Zentral gelgen ist das Hotel *Kurhotel am Kurfürstlichen Schlösschen (44 Zi., Kurfürstenstraße 34, Tel. 02674/ 94 40, Kategorie 2)* mit Restaurant und Gartenterrasse. Auskunft: *Kurverwaltung, 56846 Bad Bertrich, Tel. 02674/93 22 22, Fax 93 22 20*

Dauner Maare (110/B 5)

Als Dauner Maare bezeichnet werden die drei in unmittelbarer Nähe voneinander liegenden Vulkanseen *Gemündener Maar, Toten-* oder *Weinfelder Maar* und *Schalkenmehrener Maar*. Das Gemündener Maar ist das kleinste von ihnen. Es liegt romantisch im dichten Wald und ist Mittelpunkt einer vom Wassersport geprägten Freizeitanlage. Ein schöner Wanderweg führt über den Mäuseberg zum Totenmaar. Vom *Dronketurm,* der an den Gründer des Eifelvereins Adolf Dronke erinnert, hat man einen weiten Ausblick.

★ Das Totenmaar heißt auch Weinfelder Maar, nach dem im 17. Jh. an seinem Ufer gelegenen und durch die Pest entvölkerten Dorf Weinfeld. Dieses Vulkangewässer ist der schönste Vulkansee der Eifel. Besonders eindrucksvoll ist es hier im Frühjahr, wenn der Besenginster die Hänge ringsum golden färbt. Der Friedhof mit der Totenkapelle erinnert an das Dorf Weinfeld.

Jenseits der von Daun nach Manderscheid führenden Landstraße liegt etwas tiefer das Schalkenmehrener Maar. Es wird von Wassersportlern gern genutzt. Das Dorf Schalkenmehren am Ufer des Maares wird auch Heimweberdorf genannt. 1920 wurde die Heimwebereigenossenschaft von der Lehrerin Anna Droste-Lehnert gegründet, die durch die alte Kunst des Handwebens der damals in der Vulkaneifel herrschenden Not begegnen wollte. *Heimwebereimuseum Mai–Sept. Sa 15–17, So 10–11 und 15–17 Uhr*

Gillenfelder Maare (110/C 6)

Nahe dem Dorf Gillenfeld gibt es zwei besonders schöne Vulkanseen: das *Pulvermaar* und das *Holzmaar*. Das Pulvermaar, mit klarem blauem Wasser, kreisrund im dichten Buchenwald, ist mit einer Wassertiefe von 74 m Deutschlands tiefster Bergsee außerhalb der Alpen. Das nahe gelegene kleine Holzmaar wird wegen seines Fischreichtums von Anglern sehr geschätzt.

Hirsch- und Saupark Daun (110/B 5)

Die Anlage des Hirsch- und Sauparks Daun gehört zur deutschen Wildstraße. Auf einer Länge von 10 km können Sie den Park mit dem Auto durchfahren und nach Belieben anhalten. Das ist besonders im Frühjahr reizvoll, wenn sich bei den Tieren Nachwuchs eingestellt hat. Zurzeit beherbergt der Park wegen der in der Eifel grassierenden Schweinepest keine Wildschweine.

Von sechs Aussichtstribünen können Sie Rot- und Damwild, Mufflons, Berberaffen und Wildjaks beobachten. *Mätz–Okt. tgl. 9–18, Nov.–Feb. 9–16 Uhr, außer bei starkem Schneefall, Glatteis oder Tauwetter*

Neroth (110/A5)

Aus diesem Dorf kam einmal ein Exportschlager, der die Welt eroberte: Mausefallen. Die Nerother waren Meister des Drahtflechtens. Fahrende Händler vertrieben die Mausefallen und Drahtkörbe in ganz Europa. Das *Mausefallen-Museum (April–Okt. Mi 14–16, Fr 15–17, Nov.–März Fr 15–17 Uhr)* dokumentiert die Arbeit der Drahtflechter, aber auch das spannungsvolle Verhältnis von Mensch und Maus.

Schneidemühle **(110/A6)**
Die Wasserkraft war einst der wichtigste Energieträger der Eifel. In den Flusstälern reihten sich die Mühlen wie Perlen an einer Kette. Doch nur wenige Anlagen sind bis heute erhalten geblieben. Eine davon ist die Schneidemühle bei Meisburg. Das alte Sägewerk wird in voller Funktion vorgeführt. *Di 10–12, Do/Sa 14–17 Uhr*

Ulmen **(111/D 5)**
Das Ulmener Maar gilt als das jüngste Eifel-Maar, dessen Vulkanausbruch erst 10 000 Jahre zurückliegt. Das Dorf selbst liegt mitten im Maarkessel, der von der idyllischen Ruine der Burg überragt wird.

Wallenborn **(110/A 5–6)**
Selbst auf der Vulkaninsel Island gibt es das nicht, was die Eifeler Brubbel nennen. In dem kleinen Dorf Wallenborn bei Daun wallt (daher der Ortsname Wallenborn) und brodelt alle 35 Minuten eine große Quelle 20 Minuten lang auf.

GEROLSTEIN

(109/F 4) Seit dem Ausbau des Eisenbahnnetzes entwickelte sich Gerolstein (7100 Ew.) zum bedeutenden Eisenbahnknotenpunkt der Eifel. Das Städtchen, in dem fünf verschiedene Mineralwässer abgefüllt werden, gehört zu den attraktivsten und wichtigsten Fremdenverkehrsorten in der Vulkaneifel.

Vor etwa 380 Mio. Jahren war das Gerolsteiner Land von einem warmen Meer bedeckt, in dem Korallen lebten. Sie versteinerten im Lauf der Zeit und bildeten die Grundlage für die Dolomitfelsen. Kein anderes Gebiet in der Eifel ist so reich an Versteinerungen wie diese Region. Die ersten Menschen haben bereits vor etwa 30 000 Jahren in Gerolstein ge-

Das Totenmaar bei Daun, der schönste Vulkansee der Eifel

lebt, im Buchenloch in der Munterley. Die Anfänge des heutigen Gerolstein gehen zurück auf die Römer. Um 1115 bauten dann die Herren von Blankenheim-Manderscheid die Burg Gerhardsstein über dem Kylltal.

BESICHTIGUNGEN

Buchenloch

In dem das Stadtgebiet überragenden Felsmassiv Munterley können Sie (Taschenlampe nicht vergessen!) die bedeutendste Wohnstätte prähistorischer Menschen in der südlichen Eifel durchwandern.

Geopark

Bei einer etwa vierstündigen Wanderung vom Rathaus über die Munterley und Kasselburg zurück zum Rathaus werden mithilfe von Informationstafeln insgesamt 17 Aufschlüsse, also geologisch interessante Fundstellen oder Formationen, vorgestellt. Drei weitere Routen des Geoparks erschließen den Vulkanismus im Nordwesten des Gerolsteiner Landes, die Nutzung der Landschaft durch den Menschen (Mineralquellen und Steinbrüche) sowie die geologischen Besonderheiten des Salmwaldes im Süden Gerolsteins. Näheres über die Tourist-Information.

Löwenburg

Von der im 12. Jh. erbauten Burg sind noch einige Teile erhalten, vor allem die 11 m hohe Schildmauer sowie Reste von Wohngebäuden.

Mineralbrunnen

Die Anlagen des Gerolsteiner Sprudels, des größten Mineralbrunnens in Gerolstein, können Sie besichtigen *(Mi 15 Uhr)*. Führungen mit Trinkproben müssen allerdings vorher angemeldet werden. *Brunnenplatz, Tel. 06591/140*

MUSEEN

Erlöserkirche

1911–13 wurde die evangelische Erlöserkirche vom Architekten Franz Schwechten aus Berlin, der auch die dortige Kaiser-Wilhelm-Gedächtniskirche entworfen hatte, erbaut. Sie ist das letzte in Deutschland im historistischen Stil errichtete Bauwerk, in einem eigenartigen Stilgemisch von griechischen und römischen Elementen und mit Verweisen auf preußisch-deutsches Kaisertum. Die gewaltige Kuppel ist ganz mit Goldmosaiken bedeckt.

In die Kirche übernommen wurde das Mosaik, das in der römischen Villa Sarabodis gefunden wurde, als man 1907 mit Ausschachtungen für die Kirche begann. Der Villa Sarabodis, einem Landhaus aus dem 1. Jh., ist das an die Kirche anschließende *römische Museum* gewidmet, in dem zahlreiche Funde aus der Villa zusammengestellt sind. Rätselhaft für die Forscher ist bis heute ein Gräberfund im Ruinengelände. 27 Gräber mit den Überresten besonders großer junger Männer, alle mit zertrümmertem Schädel, hat man dort gefunden. Eines dieser Gräber ist im *Museum Villa Sarabodis* zu sehen. Außer den Funden aus der in den Wirren der Völkerwanderungszeit zerstörten Villa sind Objekte aus der Kelten- und Römerzeit in Gerolstein zu sehen. *Erlöserkirche, Villa Sarabodis und*

Museum sind nur im Rahmen einer Führung zugänglich: 15. Mai–Aug. Di 15 und 16, Mi/Sa 10 und 11, Sept.–14. Mai Mi/Sa 10 und 11 Uhr, Sarresdorferstraße

Naturkunde-Museum
Das Museum, im ehemaligen Rathaus von 1710 eingerichtet, zeigt umfangreiche Mineralien- und Fossiliensammlungen. *Feb. bis Nov. und in den Weihnachtsferien Di–Do 10–12.30 und 14–17, So, Mo und Fr 14–17, Sa 10–12.30 Uhr, Hauptstr. 42*

RESTAURANT

Seehotel
Das nette Lokal bietet neben gutem Essen auch einen schönen Blick auf den Stausee. *Am Stausee, Tel. 06591/222, Kategorie 3*

EINKAUFEN

Im Naturkundemuseum können Sie interessante Versteinerungen aus dem Gerolsteiner Korallenmeer kaufen.

ÜBERNACHTUNG

Jugendherberge
Das Haus liegt etwas außerhalb der Stadt in den Ausläufern des Salmwaldes. Das Zentrum von Gerolstein ist in etwa zehn Gehminuten erreichbar. *180 Betten, Zur Buschkapelle 1, Tel. 06591/47 45, Fax 72 43, Kategorie 3*

Landhaus Müllenborn
In ruhiger Lage mit einer wunderbaren Aussicht über die Vulkaneifel. *17 Zi., 2 Apartments, Auf dem Sand 45, 4 km vom Zentrum, Tel. 06591/958 80, Fax 95 88 77, Kategorie 1*

Landhaus Tannenfels
Ein besonders ruhig am Ortsrand gelegenes Haus. *12 Zi., Lindenstraße 68, Tel. 06591/41 23, Fax 41 04, Kategorie 3*

SPIEL UND SPORT

Suchen Sie doch einmal Mineralien und Versteinerungen. Näheres bei der Touristinformation.

AUSKUNFT

Touristinformation Gerolsteiner Land
Kyllweg 1, 54568 Gerolstein, Tel. 06591/131 80, Fax 131 83, E-Mail touristinfo.gerolstein@t-online.de

ZIELE IN DER UMGEBUNG

Birgel **(109/F3)**
Das kleine Dorf an der Bundesstraße 421 hat eine neue Attraktion: die *Historische Wassermühle Birgel.* Hier lässt sich der Weg vom Korn zum Brot verfolgen, da die Mühle auch über ein Backhaus verfügt. Im Historischen Handwerkszentrum kann man selbst ausprobieren, ob man mit dem alten Gerät zurechtkommt. Zur Mühle gehört auch ein Sägewerk, das natürlich auch mit Wasserkraft angetrieben wird. Scharf wird es in der Senfmühle, in der fünf verschiedene Sorten Senf auf althergebrachte Weise hergestellt werden. Französische Küche bietet das Restaurant *Le Moulin (Bahnhofstr. 16, Tel. 06597/92820, www.moulin.de, Kategorie 2).*

Hillesheim **(109/F 3)**
An gelungenen Altstadtsanierungen Interessierte pilgern heute von weit her nach Hillesheim (2500 Ew.). Das Städtchen im

Herzen der Eifel führte in den 70er- und 80er-Jahren eine Sanierung der historischen Altstadt durch, die europaweit Anerkennung und Aufmerksamkeit gefunden hat. Aus dem 13. Jh. stammt die noch weitgehend erhaltene oder geschickt wiederhergestellte *Stadtmauer,* deren begehbarer Wehrgang reizvolle Ausblicke in den Ort und auf die umliegende Landschaft gestattet. Der Wehrgang besitzt teilweise noch seinen mittelalterlichen Plattenbelag. Zwei der ursprünglich 12 Befestigungstürme der Stadtmauer sind noch vorhanden: der burgundische und der Hexenturm, der früher als Gerichts- und Folterstätte diente.

Sehenswert ist auch die *Pfarrkirche St. Martin,* die um 1500 an Stelle einer ursprünglich fränkischen Kirche gebaut und 1852 erneuert wurde. Im Inneren ein Sakramentsaltar von 1602 aus St. Matthias in Trier und eine Orgel der Hunsrücker Orgelbauerfamilie Stumm von 1772.

In der *geologisch-mineralogischen Sammlung* sind zahlreiche Funde aus der erdgeschichtlich so bewegten, durch den Vulkanismus geprägten Umgebung von Hillesheim zu sehen. Die Sammlung ist in vier Bereiche gegliedert: Fossilien aus den Erdzeitaltern Mitteldevon und Trias, vulkanische Gesteine und Mineralien aus Quartär und Tertiär sowie Mineralien aus Deutschland und aus aller Welt. *Juli–Aug. Di/Do 14–16, Sa 10–12 Uhr, Burgstraße 20*

★ Der *Geopfad Hillesheim* ist der erste und umfangreichste geologische Lehrpfad in der Eifel. Die Anlage, die 125 km lang ist und mehr als 30 markierte und beschriebene Aufschlüsse hat, wurde 1990/91 als hervorragendes Beispiel für intelligenten Tourismus ausgezeichnet. Sie können den Pfad insgesamt abwandern oder die einzelnen Aufschlüsse vom nächstgelegenen Parkplatz aus erreichen – im Einzelfall Wanderzeit bis zu 3 Stunden.

Der *Viehmarkt* von Hillesheim, der an jedem 1. und 3. Donnerstag im Monat ab 5 Uhr morgens stattfindet, ist der größte und auch sehenswerteste Viehmarkt des Rheinlands. Im ehemaligen Amtsgericht wurde das Hotel-Restaurant *Zum Amtsrichter (9 Zi., Kölner Str. 10, Tel. 06593/985731, Restaurant Mo geschl., Kategorie 3)* eingerichtet. Die einstigen Zellen sind die Gästezimmer. Motto: Urlaub im Gefängnis. Auskunft: *Verkehrsverein, 54576 Hillesheim, Rathaus, Tel. 06593/809200, Fax 809201*

Jünkerath (109/E 2)

An die große Zeit des Eisengießerdorfes erinnert das *Eisenmuseum* mit seinen Objekten aus der bewegten Zeit der Eifeler Eisenindustrie. Besonders die Ofenplattensammlung lohnt einen Besuch. *März–Okt. Di–Fr 11–16, Sa/So 14–17 Uhr, Römerwall 12*

Kasselburg (109/F 4)

Die oberhalb des Dorfes Pelm bei Gerolstein gelegene Kasselburg ist eine der ältesten und zweifellos eine der eindrucksvollsten Burgen der Eifel. Im Kern stammt sie aus romanischer Zeit, wurde im 15. Jh. ausgebaut und im 18. Jh. zerstört. Im Zusammenhang mit dem Bau der Eisenbahnlinie Köln–Trier durch das Kylltal wurde sie im 19. Jh. wieder aufgebaut. Ihr Wahrzeichen ist der 37 m hohe mehrstöckige Turm, ein in der deutschen Burgenlandschaft einzigartiger mittelalterlicher Wohnturm.

Die Kasselburg, die möglicherweise auf den Fundamenten eines römischen Wachturms steht, ist als *Adler- und Wolfspark* eine Station der deutschen Wildstraße. Es gibt hier Greifvogelvorführungen und ein Hospital, in dem jährlich etwa 60 verletzte Greifvögel gesund gepflegt werden, ein Gehege mit Tarpanen – das sind rückgezüchtete Wildpferde – sowie das größte in einem Gehege lebende Wolfsrudel Europas. *16. März–15. Nov. tgl. 10–18 Uhr, 15 Uhr Wolfsfütterung, 15.30 Uhr Hauptvorführung mit Adlern und Falken*

Mürlenbach **(109/E 5)**
Mürlenbach im Kylltal ist mit seinen weiß getünchten Bruchsteinhäusern sowie Fenster- und Türrahmen aus rotem Sandstein ein typischer Südeifeler Ort. Interessant ist die 1331 erstmals erwähnte *Bertradaburg,* deren Vorgängerin die Burg jener Bertrada war, die die Abtei Prüm gründete. Der Überlieferung nach soll Karl der Große hier in der Burg seiner Mutter geboren worden sein.

Niederehe **(110/A 3)**
Im Mittelalter hatte das Dorf ein bedeutendes Kloster. Zunächst wurde es von Nonnen, dann von Mönchen des Prämonstratenserordens bewohnt. Die um 1200 entstandene einstige *Klosterkirche* wurde 1961 restauriert und ist sehenswert.

MANDERSCHEID

(116/B 1) Als »Perle der Eifel« wird Manderscheid (1350 Ew.) immer wieder gerühmt. Tatsächlich hat das einstige Weberdorf, das zu den ältesten Fremdenverkehrsorten der Eifel gehört, mit seiner Lage zwischen den Tälern der Lieser und der Kleinen Kyll inmitten der eindrucksvollen Vulkanlandschaft und seinen berühmten Burgen alles, was zu einem Bilderbuchort gehört. Das besonders günstige Klima tut ein Übriges und hat Manderscheid seinen guten Namen als heilklimatischer Kurort eingebracht.

Getrennt von der Geschichte des Städtchens, das jahrhundertelang Hauptort eines kurtrierischen Amtes, also Sitz eines Amtmannes der Kurfürsten von Trier war, verlief die Geschichte der Burgen im Tal. Die Oberburg war immer im Besitz der Trierer Erzbischöfe. Die Niederburg jedoch, erstmals 1133 erwähnt, war Besitz der Herren von Manderscheid, 1460 vom Kaiser in den Grafenstand erhoben worden und lange Zeit eines der mächtigsten Adelsgeschlechter in der Eifel. Die Franzosen versteigerten beide Burgen »auf Abbruch«, das heißt, sie durften als eine Art Steinbruch zur Gewinnung von Baumaterial genutzt werden. Die übrig gebliebenen Ruinen sind noch immer imposant und gehören heute zu den bekanntesten Wahrzeichen der Eifel.

MUSEEN

Heimatmuseum
Hier werden Eifeler Bauernküchen, landwirtschaftliche Geräte, Urkunden, archäologische Funde und Münzen gezeigt, die für die Entwickungsgeschichte in der Region von Manderscheid typisch sind. *April–Okt. Mo–Sa*

10–12 und 14.30–16.30 (Mi nachm. geschl.), So 11–12 und 14.30–16.30 Uhr, Kurfürstenstr.

Maarmuseum

Anfang der 70er-Jahre stießen Wissenschaftler auf die Eckfelder Braunkohle, ein Stück merkwürdigen Materials, das sich in der Sammlung des geowissenschaftlichen Instituts der Universität Köln erhalten hatte. Dorthin war es in der Mitte des 19. Jhs. gekommen, nachdem man im Eckfelder Maar gegraben und geglaubt hatte, dort auf Braunkohle gestoßen zu sein. Das Material wurde untersucht – und das Ergebnis war eine wissenschaftliche Sensation: Der Fund war mindestens doppelt so alt, wie man bis dahin angenommen hatte. Seither führen Wissenschaftler der Trierer Universität im Pellenbachtal in dem einstigen Vulkankrater systematische Grabungen durch. Sie entdeckten dabei, dass das Pelmbachtal kein übliches Tal ist, sondern der Rest des mit Abstand ältesten Eifeler Maarkessels, der durch einen Vulkanausbruch im Tertiär, also vor rund 45 Mio. Jahren, entstanden sein muss. Das bedeutet, dass das Eckfelder Maar mehr als 5000-mal älter ist als alle anderen Eifelmaare.

Was die Wissenschaftler besonders fasziniert, sind Art und Qualität der Funde, die man hier machte und macht. Sie erinnern an die Fossilien in der Ölschieferschicht der berühmten Grube von Messel bei Darmstadt, sind aber weitaus zahlreicher und besser erhalten.

★ Der wohl spektakulärste Fund, den man hier machte, war das versteinerte *Urpferd,* das im Jahr 1991 entdeckt wurde. Es war vollkommen erhalten und nicht etwa, wie sonst bei Fossilien, eingedrückt und verformt. Das Original des Urpferdchens und viele weitere Funde können im neuen Maarmuseum besichtigt werden. In der ehemaligen Turnhalle im Art-déco-Stil der 20er-Jahre wird eine Übersicht über die Maarforschung gegeben. Die ehemalige tropische Eifellandschaft wurde rekonstruiert, und mit einem »Terranauten« kann man auf einer Zeitreise in das Innere der Erde miterleben, wie ein Maar entsteht. *Di–Sa 10–12, So 14 bis 16 Uhr, Wittlicher Str. 11*

RESTAURANTS

Alte Molkerei

Das originelle Restaurant bietet kreative, ländliche Küche mit regionalen Produkten. In einem Kramlädchen werden Wohn- und Küchenaccessoirs sowie Spezialitäten des Hauses verkauft. *Grafenstr. 25, Tel. 06572/1228, Kategorie 2*

Heidsmühle

Romantisch im Tal der kleinen Kyll gelegene alte Mühle. Spezialität: Forellen aus eigener Zucht. *12 Zi., Di geschl., Mosenbergstr. 22, Tel. 06572/747, Kategorie 3*

EINKAUFEN

Töpferei Forster

Die Töpferwaren sind aus heimischer Lavaerde gemacht. *Am Markt 7, Tel. 06572/4807*

Wachsmanufaktur Moll

Hier übt einer der letzten Kerzenziehermeister in Deutschland sein Handwerk aus und gestattet seinen Kunden gerne einen Blick in die Werkstatt. *Kurfürstenstr. 39, Tel. 06572/21 80*

Wollspinnerei Steffens

Unterhalb der Niederburg verarbeitet eine der letzten Wollspinnereien heimische Schafwolle. Die Produkte sind in einem kleinen Lädchen erhältlich. *Mühlenweg 1, Tel. 06572/777*

ÜBERNACHTUNG

Jugendherberge

Die neu gestaltete Herberge liegt oberhalb des Ortszentrums. Ein idealer Ausgangspunkt für Wanderungen in die Täler von Lieser und Kleiner Kyll sowie zur Vulkangruppe des Mosenbergs. *155 Betten, Mosenbergstraße, Tel. 06572/557, Fax 47 59, Kategorie 3*

Hotel am Vulkanberg

Sehr schön gelegenes Haus mit Blick zum Mosenbergvulkan. *22 Zi., Talblick 1, Tel. 06572/923 50, Fax 92 35 44, Kategorie 2*

Zens

Das traditionsreiche Hotel befindet sich im Zentrum von Manderscheid. *23 Zi., Kurfürstenstr. 35, Tel. 06572/923 20, Fax 92 32 52, Kategorie 1*

SPIEL UND SPORT

Drachenfliegen in Meerfeld. Auskunft bei der Drachenflugschule unter *Tel. 02692/82 88.*

AUSKUNFT

Kurverwaltung

54531 Manderscheid, Grafenstraße, Tel. 06572/92 15 49, Fax 92 15 51, www.manderscheid.de

ZIELE IN DER UMGEBUNG

Burgen von Manderscheid (116/B 1)

★ Den schönsten Blick auf die Manderscheider Burgen im Liesertal haben Sie vom Kaisertempelchen am Ortsrand von Manderscheid. Der Weg ist ausgeschildert. Von dort kommen Sie über einen Felssteig ins Tal hinab zur Oberburg. Besonders eindrucksvoll ist dort der Koloss des romanischen Bergfrieds. Der fünf Geschosse hohe Turm ist seit dem Umbau der Burg 1166 fast unverändert geblieben.

Die weiter talabwärts an der Straße gelegene Ruine der Niederburg ist wohl das Idealbild der gewaltigen, aber auch romantischen Burgruine. Von der Straße her gesehen wirkt sie wie ein riesiger Sperrriegel vor dem Tal.

Eifeler Glockengießerei (110/B 6)

★ In Brockscheid, das zwischen Manderscheid und Daun liegt, können Sie in der Eifeler Glockengießerei die Herstellung von Kirchenglocken verfolgen. Den Termin des eigentlichen Glockengusses sollten Sie telefonisch erfragen. *Besichtigungen Mo–Sa 9–12 und 14–16.30, So 11–13 Uhr, Tel. 06573/99 03 30*

Himmerod (116/A 2)

Das Salmtal besitzt mit dem Zisterzienserkloster Himmerod eine der größten kulturgeschichtlichen Sehenswürdigkeiten der Eifel. Im weiten Wiesental liegt der große Klosterkomplex wie aus einem Bilderbuch ausgeschnitten: Torhaus und Innenhof, Kirche, Klausur- und Wirtschaftsgebäude, Gasthaus und Fischteiche. Der Überlieferung nach soll der heilige Bernhard von Clairvaux, der Begründer des Zisterzienserordens, die Abtei 1135 selber gegründet haben. Die romanische Klosterkirche wurde 1739 durch einen barocken Neubau ersetzt. Die Pläne sollen von Balthasar Neumann stammen. Am 26. Juli 1802 wurde das Kloster aufgehoben und Himmerod auf Abbruch versteigert. Lediglich das barocke Westwerk blieb erhalten. 1919 erwarben bosnische Zisterziensermönche den Ruinenkomplex und begannen mit dem Wiederaufbau. In den Jahren 1925 bis 1927 wurden die Klostergebäude auf dem alten Grundriss rekonstruiert. Nach dem Zweiten Weltkrieg konnte auch die barocke Kirche neu aufgebaut werden. Mit der Weihe des »Eifeldoms« am 15. Oktober 1960 war die Abtei Himmerod vollständig wieder erstanden. Seitdem ist die Abtei der Zisterzienser das, was sie vor Jahrhunderten gewesen ist: ein wichtiges geistiges und geistliches Zentrum in der Eifel. Berühmt sind die Orgel- und Chorkonzerte in einmalig schöner Atmosphäre. Auskunft *Kurverwaltung Manderscheid, Tel. 06572/92 15 49*

Besichtigen können Sie das Torhaus, den Innenhof und die Abteikirche. Männer dürfen darüber hinaus in den Kreuzgang. Neben den Klostergebäuden ist in der Alten Mühle eine Emailleausstellung eingerichtet, und es finden Seminare zur Emailbearbeitung statt. *Auskunft unter Tel. 06575/951 30*

Horngraben **(110/A 6–116/B 1)**
Nur an wenigen Stellen in der Eifel können eindrucksvolle vulkanische Bildungen so gut betrachtet werden wie im Horngraben, der vom Tal der Kleinen Kyll zum Mosenberg hinaufführt. Die vom Mosenberg herabfließende, glutflüssige Lava ist hier in der *Wolfsschlucht* erstarrt und bildet die markanten sechskantigen Basaltsäulen.

Meerfelder Maar **(116/A 1)**
In einem weiten Kraterkessel liegt der zweitgrößte Vulkansee der Eifel, das Meerfelder Maar. An seinem Rand entstand das kleine Dorf Meerfeld. Hotel: *Hotel Zur Post, 50 Zi., Meerbachstraße 26, Tel. 06572/927 70, Fax 927 71, Kategorie 3.* Ursprünglich hat das Maar den ganzen Krater ausgefüllt, doch wurde der Abfluss des Meerbachs mehrfach so vergrößert, dass der Wasserspiegel abgesenkt werden konnte. Das Meerfelder Maar ist heute Mittelpunkt einer Freizeitanlage mit Wassersportangeboten, zu denen auch eine Tauchschule gehört. Außerdem hat sich eine Drachenflugschule etabliert.

Mosenberg **(116/B 1)**
★ Von Manderscheid aus können Sie über das Tal der Kleinen Kyll hinweg die markante Gestalt des Mosenbergs sehen. Man kann ihn als Deutschlands Lehrvulkan schlechthin bezeichnen. Er ist noch vor 11 500 Jahren aktiv gewesen. In einem seiner Krater liegt der einzige Bergkratersee Deutschlands, der Windsborn, eine kleine, leider sehr von Verlandung bedrohte Wasserfläche, die ringsum von ausgebrannten Lavafelsen umgeben ist. Vom Gipfelkreuz auf dem Mosenberg bietet sich ein großartiger Blick über die südliche Vulkaneifel.

Unterhalb des Mosenbergs, nahe der Straße, liegt das als Vulkansee nicht mehr erkennbare *Hinkelsmaar*, eine heute völlig verlandete Wasserfläche, die nur noch als Sumpfwiese erscheint.

Wittlich (116/C3)

Am Übergang von der Vulkaneifel hin zum lieblich-fruchtbaren Moselgebiet liegt die südlichste Stadt der Eifel, Wittlich (17 000 Ew.). Rudolf von Habsburg verlieh dem aus einer Keltensiedlung hervorgegangenen Ort 1291 die Stadtrechte. Wittlich entwickelte sich zum wichtigsten Zentrum zwischen Koblenz und Trier. Später war es häufig Sommerresidenz der Trierer Erzbischöfe und Kurfürsten, die sich vor allem auf der Anfang des 15. Jhs. erbauten, 1747 bei einem Stadtbrand zerstörten Burg Ottenstein gern aufhielten.

Am reizvollen Marktplatz steht das alte *Rathaus* von 1650, heute Galerie. Seine Fassade gehört zu den besonderen Beispielen deutscher Spätrenaissance. Seit Jahren ist man in Wittlich bemüht, die historischen Gebäude der Stadt wieder in den überlieferten Farben zu gestalten. Neben dem Rathaus ist das Ensemble historischer Häuser sehenswert: vor allem die ehemalige *Thurn- und Taxis'sche Posthalterei*, das Haus Nr. 3, sowie die Häuser Nr. 5 und 6 aus der Barockzeit. Sehenswert sind das auf spätgotische Bausubstanz zurückgehende *Haus Daus* in der Karrstraße 19–21, die frühbarocke *Pfarrkirche St. Markus*, das *Burgtor* an der Lieserbrücke und die wieder aufgebaute, heute als Kultur- und Tagungsstätte genutzte *ehemalige Synagoge*, eine interessante Jugendstilanlehnung an den romanischen Baustil.

Eine ländliche, familiäre Atmosphäre bietet das Hotel-Restaurant *Waldschlösschen* in Plein *(6 Zi, Zum Waldschlösschen 3, Tel. 06571/8706, Fax 2371, Kategorie 3)*. Ziel vieler Feinschmecker ist die mit drei Michelin-Sternen ausgezeichnete Spitzenküche von Helmut Thieltges im *Waldhotel Sonnora (20 Zi., Auf dem Eichelfeld, 54518 Dreis, 8 km vom Zentrum, Tel. 06578/98220, Fax 1402, Kategorie 1, Restaurant Mo, Di geschl., Reservierung ratsam)*.

In Wittlich findet jährlich am 3. Augustwochenende das größte Eifeler Volksfest statt, die *Säubrennerkirmes*. Auskunft: *Mosel Eifel Touristik, 54516 Wittlich, Tel. 06571/4086, Fax 6417, www.wittlich.de*

Das alte Rathaus am Marktplatz von Wittlich wurde farbprächtig restauriert

Vom Nürburgring zur Genovevaburg

Wer von der Osteifel spricht, muss Superlative verwenden

Die Osteifel ist eine rekordverdächtige Landschaft: Der höchste Punkt der Eifel liegt hier, die 747 m hohe Hohe Acht. Die einstmals größte Burg der Eifel, die Nürburg, gab der schönsten Rennstrecke der Welt, dem Nürburgring, den Namen. Man stößt hier auf den Laacher See, den größten Vulkansee der Eifel mit der Benediktinerabtei Maria Laach als der wohl berühmtesten Abtei der Eifel. Mit Bürresheim bei Mayen hat die Osteifel das schönste Schloss der Eifel zu bieten, und schließlich gilt die Burg Eltz weithin als die schönste Burg Deutschlands.

Sie finden außerdem reichlich schöne Täler und entzückende Dörfer oder Fachwerkstädtchen, einsame Weiler und eindrucksvolle Burgen. In der Tourismuswerbung firmiert das Gebiet als Vulkanische Osteifel. Für den vorliegenden Führer ist der Norden bis in die Hohe Eifel mit einbezogen. Hier oben stoßen Sie auf die Spuren der frühesten Periode vulkanischer Tätigkeit in der Eifel, die bereits im Tertiär die Landschaft gestaltet hat. Die Hohe Acht ist ebenso wie der die Nürburg tragende Bergkegel ein Tertiärvulkan oder, besser gesagt, ein von einem solchen Vulkan stehen gebliebener Basaltkegel.

In die jüngere erdgeschichtliche Periode gehören demgegenüber die Vulkane, die den Laacher See umgeben. Als diese zuletzt ausbrachen, lebten bereits die ersten Menschen in der Eifel.

Fast 1000 Jahre alt und nie zerstört: Die Burg Eltz wurde zum Urbild der steinernen Burg

ADENAU

(110/C 2) Am Fuß des höchsten Eifelbergs, der Hohen Acht, liegt im Tal des Adenauer Bachs das Städtchen Adenau (3000 Ew.), gleichermaßen wegen seiner schönen Fachwerkhäuser und als Ausgangspunkt für einen Besuch auf dem Nürburgring bekannt. Adenau gehört zu den meist besuchten Fremdenverkehrsorten der Eifel. An Wochenenden, an denen besondere Rennen auf dem Ring stattfinden, gleicht der Ort einem modernen Heerlager. Viele schöne alte Häuser erinnern an den Wohlstand, den einst die Tuchindustrie gebracht hat.

BESICHTIGUNGEN

Buttermarkt
Am Ortsausgang Richtung Breitscheid, ist eine Gruppe altertümlicher Fachwerkhäuser erhalten geblieben. Auf dem kleinen Platz, den sie säumen, wurde früher ein Markt abgehalten. Das Viertel steht unter Denkmalschutz.

Marktplatz
Im Zentrum steht ein Ensemble besonders schön erhaltener und gepflegter Fachwerkhäuser aus dem 15. und 16. Jh., wie sie damals nur im Kölner Gebiet gebaut werden durften.

MUSEEN

Eifeler Bauernhausmuseum
Gerätschaften, Kleidung und Mobiliar des bäuerlichen Lebens in der Hocheifel. *April–Okt. So 11–13 Uhr, Schulstraße*

Heimat- und Zunftmuseum
Erinnerungsstücke an die Handwerkszünfte und alte Geräte, vor allem zur Textilherstellung. *April bis Okt. So 10–12 Uhr, Kirchplatz 1*

CAFÉ/RESTAURANTS

Café Periferia
Das kleine Restaurant ist im historischen Burghaus am Buttermarkt eingerichtet, dem Wehrturm der Herren von Adenau aus dem 14. Jh. Im Café Galerieraum mit wechselnden Ausstellungen. *Mo–Mi geschl., Buttermarkt, Tel. 02691/85 77, Kategorie 2*

Historisches Haus – Blaue Ecke
Eines der besonders schönen Fachwerkhäuser Adenaus von 1578. Gutbürgerliche Küche. *Mo geschl., Markt 4, Tel. 02691/20 05, Kategorie 2*

EINKAUFEN

Eine Spezialität ist das im Steinofen gebackene Bauernbrot.

HOTEL

Hotel zum Wilden Schwein
Gutbürgerliches Haus in einem der schönen alten Gebäude am historischen Marktplatz. *20 Zi., Hauptstraße 117, Tel. 02691/70 61, Fax 13 90, Kategorie 2*

MARCO POLO TIPPS FÜR DIE OSTEIFEL

1. **Burg Eltz**
Die Bilderbuchburg Deutschlands (Seite 76)
2. **Abteikirche Maria Laach**
Eine der herausragenden romanischen Kirchen (Seite 77)
3. **Monreal**
Das schönste Fachwerkstädtchen der Osteifel (Seite 78)
4. **St. Cyriakus in Mendig**
Kostbare Fresken aus dem 13. Jh. (Seite 78)
5. **Stiftskirche Münstermaifeld**
Die Kirche erinnert an einen gewaltigen Festungsbau (Seite 79)
6. **Schloss Bürresheim**
Das Schloss konnte seine ursprüngliche Gestalt bewahren (Seite 79)

SPIEL UND SPORT

Motorsport
Eine der weltweit bekanntesten Attraktionen der Eifel ist der Nürburgring. Nicht nur Formel-1-Läufe werden hier ausgetragen. Während des Sommers lockt der Ring mit spektakulären Veranstaltungen wie dem Oldtimer Grand Prix, Rock am Ring, dem ADAC-24-Stunden-Rennen oder dem Truck Grand Prix. Direkt neben der Rennstrecke ist in den letzten Jahren ein Freizeitpark entstanden: die Erlebniswelt Nürburgring. In vier wetterfesten Hallen kann man zu einer multimedialen Reise durch die Geschichte des Nürburgrings und des Rennsports starten. Wer selber einmal über den Ring rasen will, hat dazu Gelegenheit: entweder im Renntaxi oder zu bestimmten Zeiten sogar am Steuer des eigenen Fahrzeugs. *Auskunft: Tel. 02691/302600.* Direkt am Ring steht das komfortable *Hotel Dorint (166 Zi., Grand-Prix-Strecke, Tel. 02691/3090, Fax 309460, Kategorie 1).*

AUSKUNFT

Verkehrsamt Adenau
Kirchstr. 15, 53518 Adenau, Tel. 02691/30516, Fax 30518

ZIELE IN DER UMGEBUNG

Barweiler **(110/C 2)**
In der *Pfarrkirche,* die 1466 entstand, ist das als wundertätig verehrte Gnadenbild der Madonna mit dem Kind auf dem linken Seitenaltar auch heute noch Ziel vieler Wallfahrten. Die Wände im *Pfarrhaus* sind mit zahlreichen Takenplatten bedeckt.

Hohe Acht **(111/D 2)**
Der 747 m hohe Berg, höchster Gipfel der Eifel, ragt als mächtige Basaltkuppe aus dem Schiefergestein des Untergrunds. Der Name leitet sich vom keltischen Wort *Ach* für Wasser ab. Beim etwa 20 Min. dauernden Aufstieg vom Parkplatz sehen Sie unterhalb des Aussichtsturms auf dem Gipfel sehr schön ausgeprägte Basaltsäulen. Auf der Kuppe des Bergs steht ein Aussichtsturm, der einen umfassenden Ausblick über die Eifel, bei klarem Wetter bis zum Kölner Dom und zum Siebengebirge bietet.

Nürburg **(110/C 2)**
Das kleine, etwa 600 m hoch gelegene Dorf Nürburg wird von der in den letzten Jahren teilweise wieder aufgebauten Ruine der 678 m hoch gelegenen *Nürburg* überragt. Im 11. Jh. entstand diese zeitweise größte und mächtigste Burg der Eifel an Stelle einer römischen Befestigung. Vom Bergfried eröffnet sich ein großartiger Blick über weite Teile der Eifel.

MAYEN

(111/F 3) Zu Füßen des markanten Vulkans Hochsimmer liegt die Stadt Mayen (20000 Ew.) im Tal der Nette als größte Stadt der Eifel, als wirtschaftliches und kulturelles Zentrum des Maifelds und der angrenzenden Pellenz.

Schon vor Jahrtausenden haben die hier lebenden Menschen erkannt, welch wichtiger Rohstoff der harte vulkanische Basalt ist, und haben keine Mühe und keine Gefahren gescheut, um ihn zu bergen und zu bearbeiten. Bis heute ist Mayen das Zentrum der

Gewinnung und Verarbeitung der vulkanischen Steine Basalt, Tuff, Bims und Lava. Schon die Römer haben den Tuffstein dieses Vulkangebiets für ihre Befestigungsanlagen genutzt. Im Mittelalter wurden aus der Lava Mühlsteine hergestellt und auf dem Wasserweg bis nach Schottland und Russland transportiert.

Etwa seit dem Jahr 1000 bis 1794 gehörte Mayen zum Erzbistum Trier. 1280 begannen die Trierer Erzbischöfe mit dem Bau einer mächtigen Burg auf einer Felskuppe in der Mitte der heutigen Stadt. Diese Burg sollte die Trierer Interessen gegenüber dem benachbarten Gebiet der Kölner Erzbischöfe sichern. 1689 wurde Mayen durch die Franzosen weitgehend zerstört. Das gleiche Schicksal erlitt die Stadt noch einmal im Winter 1944/45. Geschickt wieder aufgebaut, vermittelt Mayen heute in seinem Zentrum das Bild einer erhalten gebliebenen alten Eifelstadt.

BESICHTIGUNGEN

Geisbüschhof

Am Stadtrand Richtung Monreal liegt das älteste heute noch erhaltene Haus Mayens, das bereits 1322 urkundlich erwähnt wurde. Aus jener Zeit stammt das jetzt verfallene, außerhalb der heutigen Hofanlage stehende steinerne Haus. Der Hof stammt in seinen ältesten Teilen wohl von 1500. *Nur von außen zu besichtigen, Monrealer Straße*

Lapidea

In einem Teil des alten Grubenfelds des Basalttagebaus an der nach Ettringen führenden Straße treffen sich alljährlich Bildhauer aus den verschiedensten Ländern und schaffen dort monumentale Skulpturen aus Basaltlavagestein. Es sind imposante Zeugnisse dafür, dass der Mayener Basalt auch heute noch ein wichtiger Rohstoff ist.

Marktplatz mit Rathaus

Zwischen der Genovevaburg und dem alten Rathaus dehnt sich der weitläufige Marktplatz von Mayen. Seit seiner Neugestaltung ist er autofrei und wird bei schönem Wetter von den Tischen und Stühlen der Cafés geprägt. Das alte Rathaus wurde 1717 aus Basaltsteinen erbaut und gehört zu den herausragenden Rathäusern der Eifel.

Mayener Grubenfeld

Am Rand des Grubenfelds des einstigen Basalttagebaus lassen sich sehr schöne sechseckige Basaltsäulenbildungen betrachten. Darüber stehen noch alte Kräne, mit denen früher die tonnenschweren Steinblöcke aus der Tiefe geholt wurden. *Ettringer Straße*

Pfarrkirche St. Clemens

Mit ihrem schief verdrehten Turm, Folge eines Konstruktionsfehlers, wurde die Kirche zu einem Wahrzeichen von Mayen. Ende des 14. Jhs. wurde eine romanische Pfeilerbasilika zu einer der ersten gotischen Hallenkirchen des Rheinlands umgebaut. *Marktstraße*

Stadtbefestigung

Im 13. Jh. wurde Mayen durch eine aus Basaltsteinen errichtete Mauer mit Türmen und Toren gesichert. Auf weite Strecken ist diese Stadtmauer mit ihren Befestigungsanlagen noch im Originalzustand erhalten – oder nach dem Krieg wieder aufgebaut. Die eindrucksvollsten Stadttore sind das aus dem 15. Jh. stammende Obertor am Habsburger Ring und das prächtige Brückentor aus dem 14. Jh. Es wurde 1599 durch Hochwasser zerstört und mit einem sechseckigen Treppengiebel wieder aufgebaut. Mühlenturm und Vogelsturm, zwei weitere Stadttore, überstanden den Zweiten Weltkrieg ohne Schaden.

MUSEUM

Genovevaburg
Mitten in der Stadt steht die seit 1280 erbaute Burg, die nach der Eifeler Überlieferung Schauplatz der dramatischen Genovevasage gewesen sein soll. Vom Portal der Burganlage haben Sie einen schönen Blick auf den Marktplatz, die alten Stadtbefestigungen und den schiefen Turm der Kirche St. Clemens.

Im Inneren der Genovevaburg, die nach 1830 wieder aufgebaut wurde, befindet sich seit 1921 das *Eifelmuseum* des Eifelvereins. In großen Räumen werden vor allem Funde zur erdgeschichtlichen Entwicklung präsentiert. Besonders interessant ist die Geologie des Mayener Gebiets mit seinem Schiefer-, Bims-, Tuff- und Basaltlava-Abbau. Andere Abteilungen zeigen Urgeschichte und Römerzeit. Dazu Eifeler Wohn- und Handwerksstuben aus dem 18. und 19. Jh. Besonders interessant ist die von einem Mayener Strumpfwirker 1793 in Mayen erfundene erste Nähmaschine. *Di–Fr 10–12.30 und 14–17, Sa/So 11–17 Uhr*

RESTAURANT

Gourmetrestaurant Wagner
Spezialität: Entensülze mit Trüffelvinaigrette. Bemerkenswert ist auch die Weinkarte. *Mo, Di geschl., Marktplatz 10, Tel. 02651/28 61, Kategorie 1*

Am großen Marktplatz von Mayen steht das barocke Rathaus aus Basaltstein

Genovevasage

Als Pfalzgraf Siegfried zu einem Kriegszug aufbrach, vertraute er die Gemahlin Genoveva dem Ritter Golo an. Golo bedrängte Genoveva, doch sie wies ihn ab. Bald darauf gebar sie einen Sohn. Als der Pfalzgraf zurückkehrte, redete ihm Golo ein, er sei nicht der Vater. Zur Strafe sollten Mutter und Kind ertränkt werden. Sie versteckten sich jedoch im Wald. Eine Hirschkuh säugte das Kind. Viele Jahre später begegnete der Pfalzgraf im Wald einer Hirschkuh, die er bis zu Genovevas Lager verfolgte. Seine Frau erkannte er an einer Narbe und dem Ehering, das Kind sah ihm ähnlich. Genoveva schilderte, was damals geschehen war. Golo wurde gevierteilt. Genoveva verstarb bald. An der Stelle von Genovevas Lager baute Siegfried eine Kirche. Es soll sich um die Frauenkirche in Thür handeln. Auf dem Altar ist die Legende dargestellt.

HOTEL

Maifelder Hof
Nahe dem historischen Stadtzentrum gelegenes Haus – günstig für Besichtigungen. *13 Zi., Polcher Straße 72, Tel. 02651/960 40, Fax 765 58, Kategorie 2*

AM ABEND

Burgfestspiele
Anfang Juni bis Mitte August finden im Hof der Genovevaburg Theater-, Opern- und Konzertveranstaltungen statt.

AUSKUNFT

Städtisches Verkehrsamt
56727 Mayen, Altes Rathaus, Tel. 02651/90 30 04, Fax 90 30 09

ZIELE IN DER UMGEBUNG

Brohltal (111/F1)
Der *Vulkanpark Brohltal/Laacher See* wird durch fünf Rundwanderwege (Tagestouren) erschlossen, auf denen sich die vielfältigen Erscheinungen des Vulkanismus studieren lassen. Der Ausgangspunkt einiger Touren ist auch mit der Brohltalbahn zu erreichen. Der »Vulkanexpress« wird von einer Dampflok gezogen. Im *Steinmetz-Bahnhof* von Weibern wird eine umfassende Sammlung Osteifeler Gesteine präsentiert. Der bei Weibern gewonnene Tuff ist bei Bildhauern und Maurern gleichermaßen begehrt. Der *Geogarten am Bahnhof Engeln* lädt zu einem Spaziergang durch die Erdgeschichte ein. Im Rathaus von *Niederzissen* bietet das *Vulkanpark-Infozentrum* eine Ausstellung mit Vulkanmodellen und Schautafeln. Auskunft: *Tourist-Information Brohltal, Rathaus, 56651 Niederzissen, Tel. 02636/19433, Fax 80146*. Sehr informative Seite im Internet *http://brohltal.de.*

Burg Eltz (112/B 6)
★ Als schönste deutsche Burg, als Märchenburg, als Stein gewordene Burg der Bilderbücher hat man die Burg Eltz immer wieder bezeichnet. Genau genommen ist sie aber gar keine Burg, denn es fehlen Bergfried und Palas. Sie

ist eigentlich nur ein Konglomerat von insgesamt fünf verschiedenen Burgenhäusern auf einem steilen Felsen über dem Elztal. Burg Eltz war eine Ganerbenburg, d.h., die drei Linien, in die sich das Haus Eltz 1268 geteilt hatte, besaßen die im 10. Jh. erbaute Burg in einer Art Erbengemeinschaft, die gleichzeitig eine Wohngemeinschaft war. Jede Linie konnte dabei innerhalb des Burgbereichs ein eigenes Burghaus bauen und bewohnen. Für Tore, Brunnen und Wehranlagen waren alle Ganerben gemeinsam verantwortlich. Die Burggebäude sind bis etwa 1650 entstanden. Dank ihrer Lage waren sie praktisch uneinnehmbar.

Auf dem Weg vom Parkplatz zur Burg kommt man an den Ruinen der *Burg Trutzeltz* vorbei, die einst Kurfürst Balduin erbauen ließ, um von dort aus die Burg Eltz zu belagern. Er hatte jedoch keinen Erfolg. Die Natur schaffte dann durch Blitzschlag das, was Menschen nie vermocht haben. 1920 brannten bis auf das *Haus Rübenach* alle Burghäuser ab. In zehnjähriger Arbeit wurde die Burg, ausschließlich aus Privatmitteln des Besitzers finanziert, wieder aufgebaut. Sie gehört inzwischen allein der Hauptlinie derer von und zu Eltz vom goldenen (oder gelben) Löwen. Soweit die Burg nicht privat genutzt wird, kann sie im Sommer besichtigt werden. *1. April–1. Nov. tgl. 9.30–17.30 Uhr, Tel. 02672/ 95 05 00*

Maria Laach **(112/A 2)**

★ Am Rand des größten Vulkansees der Eifel, des Laacher Sees, gründete 1093 Pfalzgraf Heinrich von der Pfalz die Benediktinerabtei Maria Laach (Laach leitet sich vom lateinischen *lacus,* d.h. See, ab). Bereits im 12. Jh. ließen die Mönche von Maria Laach einen Teil des Sees durch einen künstlichen Stollen abfließen, da der See die Abtei mit Hochwasser immer wieder in Bedrängnis brachte.

Napoleon löste die Abtei auf. Von 1862 bis 1873 lebten Jesuiten in Maria Laach. Dann mussten sie die Abtei unter dem Eindruck des Kulturkampfs wieder verlassen. Erst 1892 zogen dann Benediktiner in Maria Laach ein. Von 1933 bis 1934 verbarg sich der spätere Bundeskanzler Konrad Adenauer vor der Geheimpolizei der Nazis im Kloster.

Die Abteikirche, die als eine der herausragenden romanischen Kirchen Deutschlands gerühmt wird, enthält Elemente der Dome von Speyer und Mainz. Zum Schönsten der Kirche gehört das romanische Bogenportal, an dem ein kleiner steinerner Teufel kauert, der fein säuberlich die Sünden der Eintretenden aufschreibt. Danach gelangt man in die kreuzgangartige Vorhalle und steht dem *Laacher Paradies* gegenüber. Dieses ist ein kleiner, lichtdurchfluteter, nach oben offener Garten, in dem die vier aus Löwenmäulern fließenden Wasserstrahlen an die Wasser des Paradieses erinnern sollen.

Fast alles, was einst das Innere der Abteikirche schmückte, ist heute verschwunden. Nur das Hochgrab des Stifters mit einem Modell der Kirche gleich neben dem Eingang und der in einer Kirche einzigartige steinerne Hochbaldachin, der Ende des 13. Jhs. den Altar überwölbte, blieben erhalten.

Gebaut nach dem Vorbild des Doms zu Speyer: die Abteikirche Maria Laach

Im Infocenter am Eingang zur Abtei erhalten Sie umfassende Informationen über die Geschichte des Klosters und das klösterliche Leben in Form einer Film- und Diaschau. Übernachten können Sie in dem zum Kloster gehörenden *Seehotel Maria Laach, 65 Zi., Tel. 02652/58 40, Fax 58 45 22, Kategorie 1.*

Mendig **(112/A 3)**
Die Sehenswürdigkeiten von Mendig sind die aus der Zeit des Basaltabbaus stammenden *Basaltkeller,* die bis 30 m tief hinabgehen und infolge der dort ganzjährig herrschenden Temperaturen von ein bis sieben Grad ideale Lagerkeller für eine Brauerei sind. Besichtigung nach Voranmeldung: *Vulkanbrauhaus, Laacher Seestr. 2, Tel. 02652/52 03 30*

Eine besonders lohnenswerte Reise in die Mendiger Unterwelt ermöglicht das *Deutsche Vulkanmuseum (Führungen für Gruppen nach Vereinbarung, Tel. 02652/42 42, Fax 34 82, Brauerstraße 5).* Außer einer Ausstellung vulkanischer Gesteine bietet das Museum eine Führung durch stillgelegte Basaltstollen. Wenige Schritte neben dem Museum befindet sich die jederzeit zugängliche Freilichtausstellung *Museumslay.* Hier werden historische Geräte der Mendiger Steinbrüche gezeigt.

In der ★ *Pfarrkirche St. Cyriakus* (Schlüssel im Pfarrhaus) im Stadtteil Niedermendig entdeckte man 1887 kostbare Freskenmalereien, die jahrhundertelang durch Farbschichten verdeckt waren. Entstanden sind diese Malereien um 1300 und früher. Empfehlenswert ist das Hotel *Hansa (12 Zi., Laacher Seestraße 11, Tel. 02652/970 80, Restaurant Mi geschl., Kategorie 2).*

Monreal **(111/F 3)**
★ Das Städtchen an der Elz ist ein ganz zauberhafter Ort: Mit seinen blumengeschmückten Fachwerkhäusern, den Ort überragenden Burgruinen und der steinernen, von einer Nepomukfigur und Löwenskulpturen gezierten Johannisbrücke über die

Elz könnte das Städtchen Kulisse für jeden Heimatfilm sein. Fünf Zimmer bietet das Hotel *Eifler Hof (Restaurant Mo geschl., Bahnhofstr. 2, Tel. 02651/28 32, Kategorie 3).*

Münstermaifeld (112/B 5)

★ Zuerst waren die Kelten hier, dann kamen die Römer. Zur Zeit Cäsars hatten sie hier das Castell Ambiativum, in dem der römische Kaiser Caligula geboren sein soll. An seiner Stelle wurde 633 eine erste Kirche gebaut, in der Reliquien des heiligen Martin verehrt wurden. Als im 10. Jh. die Reliquien des heiligen Severus hinzukamen, begannen große Wallfahrten auf das Maifeld. Die Kirche wurde vergrößert, eine Genossenschaft von Geistlichen bewahrte die Reliquien und betreute die Kirche. An ihrer Spitze stand von 1435 bis 1445 ein weltberühmt gewordener Mann: Eigentlich hieß er Nicolaus Krebs, entsprechend dem Brauch der Zeit nannte sich der aus Kues an der Mosel stammende Herr Cusanus. Er wurde später Kirchenfürst in Rom und wird oft als letzter Universalgelehrter des deutschen Mittelalters bezeichnet. Cusanus studierte Philosophie und Mathematik in Heidelberg und Padua sowie Theologie in Köln. In Münstermaifeld verfasste er seine Schrift *De docta Ignorantia*: In diesem philosophischen Werk ging er davon aus, dass das Wissen von der Welt und von Gott nie vollständig sein kann. Die Welt betrachtete er als Ausfaltung des Wesens Gottes.

In der Kirche mit ihrem festungsartig gestalteten Westwerk steht der berühmte *Goldaltar* von einem unbekannten Meister, Anfang des 16. Jhs. in Antwerpen geschaffen. Allein dieser reich vergoldete Schnitzaltar, eines der herausragenden Werke der Spätgotik dieser Art in der Eifel, macht einen Besuch von Münstermaifeld lohnend.

Direkt am Wasserfall des Elzbachs liegt der *Landgasthof Pyrmonter Mühle* unterhalb der Burg Pyrmont (**112/A5,** 5 km entfernt) und bietet eine gehobene, regionale Küche *(8 Zi., 56754 Roes, Tel. 02672/7325, Restaurant Do geschl. Kategorie 2, Hotel Kategorie 3).*

Saffig (112/C 3)

In Saffig gibt das neue *Informationszentrum Rauschermühle (Mo–Fr 10–13, 14–17, Sa/So 10–12.30, 14–17 Uhr, Öffnungszeiten sind noch in der Probephase, evt. vorher anrufen: Tel. 01801/88 55 26, www.vulkanpark.com)* einen Überblick über den Vulkanpark Osteifel.

Ein Wanderweg führt durch den Rauscherpark nach *Kretz* (**112/B 3**) zu einem *Steinbruch.* Hier haben schon die Römer Tuffstein abgebaut und ein Höhlensystem hinterlassen, das zurzeit für Besucher zugänglich gemacht wird.

Schloss Bürresheim (111/F 2)

★ Am Zusammenfluss von Nette und Nitz im Nettetal steht auf einem Felsen das schönste und besterhaltene Schloss der Eifel. Es gehört zu den wenigen Anlagen dieser Art im Rheinland, die nie gewaltsam zerstört wurden. Die in vielen Generationen zusammengetragene Inneneinrichtung ist bis heute gut erhalten und hat Schloss Bürresheim zu einem einzigartigen, unbedingt sehenswerten Denkmal rheinischer Bau- und Kulturgeschichte gemacht. *April–Sept. Di–So 9–18, Okt./Nov. und Jan.–März 9–17 Uhr*

Am Rotweinfluss

Zwischen Ahrweiler und Altenahr finden Sie Winzerromantik in der Eifel

An der Ahr ist die Eifel ganz anders. Zwar reichen die Vulkane bis an das Ahrtal heran, und auch an Burgen ist zwischen Kreuzberg und Bad Neuenahr kein Mangel. Doch an den felsigen Steilhängen beiderseits des kleinen Flusses wachsen Reben, vor allem Rotweinreben. Und mit dem Weinbau kommen natürlich Winzerdörfer und Weinromantik in die Eifel. Das Ahrtal mit seiner rund 520 ha großen Weinbaufläche ist heute, von dem winzigen Gebiet um Wittlich abgesehen, der einzige Teil der Eifel, in dem noch intensiv Weinbau betrieben wird.

Weinfeste gehören an der Ahr im Spätsommer und Herbst ebenso zum Alltag wie die roten Trauben in der Landschaft. Sie hängen nicht nur an den Rebstöcken, sondern dienen auch als Wegmarkierungen an einem der bekanntesten Wanderwege, am ★ Rotweinwanderweg (siehe Kapitel »Ins Grüne«), der sich als schönster Wanderweg der Eifel etwa 35 km durch die Weinberge talabwärts von Altenahr bis Bad Bodendorf zieht. Er ist mit einer roten Traube im weißen Feld gekennzeichnet. Meist verläuft der Weg oberhalb des Tales durch die Weinbergsterrassen und bietet weite Ausblicke über die Flussschleifen. Der Weg braucht nicht in seiner ganzen Länge auf einmal gegangen zu werden, der Einstieg ist in allen Orten entlang der Strecke möglich. Und überall kann man in Weinstuben und Gaststätten einkehren. Die Rückfahrt kann im Stundentakt mit der Bahn erfolgen. Rote Trauben begleiten auch jene Straße von Bad Neuenahr nach Kreuzberg, die – wie könnte es anders sein – natürlich die Rotweinstraße ist und ein ganz anderes Stück Eifel erschließt, als Sie es bisher kennen gelernt haben.

Spaziergang im Rebgarten: der Rotweinwanderweg bei Mayschoss

ALTENAHR

(**107/D 5**) Im schönsten, engsten und wildesten Teil des Ahrtals liegt der 1000-jährige Weinbauort Altenahr (2400 Ew.). Die großartige Landschaft, das recht malerische Ortsbild und die über dem Ort thronende Burg haben Altenahr schon früh zu einem besonders beliebten Fremdenverkehrs- und Ausflugsort werden lassen. Eingerahmt von steilen Felsen, liegt der Ort idyllisch an der Flussschleife. Auch die Altenahr umgebenden Rebgärten weisen eine beachtliche Schräglage auf.

MARCO POLO TIPPS FÜR DAS AHRTAL

1 Kölner Passionsaltar
In der Dorfkirche Kirchsahr befindet sich die bedeutendste mittelalterliche Malerei der Eifel (Seite 82)

2 Weingut St. Peter
Fast 600 Jahre lang bezogen die Kölner Domherren ihre Weine vom ältesten Gut an der Ahr (Seite 87)

3 Fresken der Römervilla
Die Villa am Silberberg in Bad Neuenahr-Ahrweiler ist denen in Pompeji vergleichbar (Seite 85)

4 Rotweinwanderweg
35 km zieht sich der schönste Wanderweg der Eifel von Altenahr bis Bad Bodendorf (Seite 81)

BESICHTIGUNG

Burg Are
Nur noch Ruinen sind von der einst so bedeutsamen Burg über dem Ahrtal geblieben, die um 1100 von Graf Theoderich von Are hoch über dem engen Tal erbaut wurde und die zeitweise Staatsgefängnis der Kölner Erzbischöfe war. Auf dieser Burg wurde der spätere Kölner Erzbischof Konrad von Hochstaden geboren, der 1248 mit dem Bau des Kölner Doms begann.

Bei der hoch auf einem Fels über der Ahr gelegenen Burgruine beginnt der Rotweinwanderweg. Der Aufstieg zur Burg lohnt sich der großartigen Aussicht wegen, die man über Altenahr und das Ahrtal hat. An der Stelle des heutigen Aussichtspavillons stand einst der als Gefängnis dienende Bergfried.

RESTAURANT

Weingasthaus Schäferkarre
In dem restaurierten Winzerhaus von 1716 mit gepflegt-rustikaler Einrichtung sorgt man für eine stets sehr gut sortierte Weinkarte mit Ahrtalweinen. *Mo geschl., Brückenstraße 29, Tel. 02643/71 28, Kategorie 3*

ÜBERNACHTUNG

Naturschutz-Jugendherberge
Idyllisch im Wald mitten im Naturschutzgebiet steht dieses Haus, und doch sind es nur 15 Fußweg in die Stadt. *98 Betten, Langfigtal 8, Tel. 02643/18 80, Fax 81 36, Kategorie 3*

Hotel zur Post
Sehr schön an der Ahrpromenade gelegen. *52 Zi., Brückenstraße 2, Tel. 02643/93 10, Fax 93 12 00, Kategorie 2*

AUSKUNFT

Tourist-Information Altenahr
Haus des Gastes, Bahnhof, 53505 Altenahr, Tel. 02643/84 48, Fax 35 16

ZIELE IN DER UMGEBUNG

Kirchsahr **(106/C 5)**
★ Versteckt im kleinen Sahrtal stößt man im Dörfchen Kirchsahr auf ein besonders schönes

und wertvolles Kunstwerk der Eifel – auf den aus 19 Bildern bestehenden so genannten Kölner Altar, einen Triptychon der Kölner Schule. Dieser große Passionsaltar in der kleinen Dorfkirche wurde um 1410 von einem unbekannten Künstler geschaffen. Das Kunstwerk befand sich zunächst in Münstereifel und gelangte erst Ende des 18. Jhs. nach Kirchsahr. *Schlüssel bei Paffenholz, Seeligenweg 7, Tel. 02643/7234*

Mayschoss **(107/D 5)**
Der altbekannte Weinort hat die älteste Winzergenossenschaft Deutschlands. Der Weinkeller der Genossenschaft ist wegen der schönen alten Weinfässer sehenswert. Außerdem werden hier gute Weine abgefüllt. *Mai–Okt. tgl. 9–18, Nov.–April Mo–Sa 9–12 und 13–18, So 10–18 Uhr, 53508 Mayschoss, Ahrrotweinstraße 42, Tel. 02643/93600*

Einen Besuch lohnt auch die *Ruine der Sachenburg,* der ältesten Burg der Region. Das Restaurant in der schön erhaltenen *Lochmühle (Ahrrotweinstraße 62, Tel. 02643/8080, Kategorie 1)* ist eine der besten Adressen im Ahrtal.

Kölner Altar in Kirchsahr

Rech **(107/D 5)**
Der kleine Ort, früher ein bekannter Wallfahrtsort, bietet mit seiner steinernen Brücke, der ältesten des Tals, eines der meistfotografierten Motive des Ahrtals.

BAD NEUENAHR-AHRWEILER

(107/E–F 4) Der Ort (26500 Ew.) ist der Treffpunkt der so genannten großen Welt. Durch die kommunale Neugliederung 1969 sind zwei völlig unterschiedliche Stadtteile zusammengefügt worden. Ahrweiler mit seinem mittelalterlichen Stadtbild, geprägt von Weinbau und Weinhandel, und Bad Neuenahr, das elegante Kurbad mit Spielkasino und internationaler Atmosphäre, sind nach wie vor zwei unverwechselbare, eigenständige Städte geblieben. Die 36 Grad warmen alkalischen Quellen, die in Bad Neuenahr im 19. Jh. erschlossen wurden, begründeten den internationalen Ruf als Kurort.

Der Ort Neuenahr ist hervorgegangen aus einer Ansiedlung bei der Burg Newenare aus dem 13. Jh. Schon 1858 war Neuenahr Heilbad und Kurort von Weltruf. 1852 wurde hier die Apollinarisquelle erschlossen. Grundlage des Kurbetriebs in Bad Neuenahr sind die Heilquellen. 1861 wurde der große Sprudel erschlossen. Der Brunnen hat eine Tiefe von 90 m. Den Willibrordussprudel entdeckte man 1906 in einer Tiefe von 377 m. Die dritte Quelle ist die Walburgistherme, die aus einer Tiefe von 359 m kommt. Die drei Heilwässer zeichnen sich dadurch aus, dass sie eine natürliche Wärme von 34 bis 41 Grad Celsius haben. Man kann sie also ohne künstliche Aufwärmung oder Abkühlung für Heilzwecke nutzen. Alle drei Quellen sind Natrium-Magnesium-Hydrogenkarbonat-Säuerlinge, die als besonders geeignet für Trinkkuren gelten – auch weil die in den Quellen vorhandene natürliche Kohlensäure in gebundener Form vorliegt. Einer der bekanntesten Kurgäste war Karl Marx, der weltverändernde Philosoph aus Trier. Er nahm 1877 mit Ehefrau Jenny und Tochter Eleanor »im erstklassigen diätetischen Kur-Etablissement« der Villa Flora Quartier, die mittlerweile in ein Rathaus verwandelt wurde.

Außer der Ahr, die die beiden so ungleichen Städte durchfließt, haben Ahrweiler und Bad Neuenahr noch etwas gemeinsam: Beide haben etwas mit dem Trinken, besser gesagt, mit Getränken zu tun. Ahrweiler ist nach wie vor der wichtigste Weinhandelsort des Ahrtals, Bad Neuenahr verfügt mit seiner Apollinarisquelle über einen Mineralbrunnen, aus dem alljährlich Millionen Flaschen gefüllt und in die ganze Welt verschickt werden.

Während Ahrweiler bereits im 13. Jh. eine wichtige Stadt der Kölner Erzbischöfe war, bekam Bad Neuenahr erst 1951 die Stadtrechte verliehen. Eine besonders schöne Aussicht auf die beiden Städte haben Sie vom Kalvarienberg in Ahrweiler.

BESICHTIGUNGEN

Kurbereich

Kurhaus, Thermalbadeanlagen und natürlich die großzügigen, gepflegten Parkanlagen bilden den Kurbereich, sozusagen die gute Stube von Bad Neuenahr. Eine besondere Sehenswürdigkeit ist im Spätsommer der berühmte Dahliengarten.

Pfarrkirche St. Laurentius

Das im Stadtteil Ahrweiler gelegene Gotteshaus ist eine gotische

Rotweine von der Ahr

Ahr-Rotweine kaufen Sie am besten direkt beim Winzer oder bei den Winzergenossenschaften. Meistens können Sie den Einkauf mit einer Kellerführung und einer Weinprobe verbinden. Einige der besten Adressen:

Weingut J. J. Adeneuer, Max-Planck-Str. 8, 53474 Ahrweiler, Tel. 02641/34473, Fax 37379

Weingut Kreuzberg, Benedikt-Schmittmann-Str. 30, 53507 Dernau, Tel. 02643/1691, Fax 3206

Winzergenossenschaft Mayschoss-Altenahr, 53508 Mayschoss, Ahrrotweinstr. 42, Tel. 02643/93600, Fax 936093. Verkaufsstelle auch in Altenahr, Tunnelstr. 17–19, Tel. 02643/1613

Winzerverein Walporzheim, Walporzheimer Str. 173, 53474 Walporzheim, Tel. 02641/34763, Fax 31410

Phantasie und Kunstfertigkeit schufen diese Fachwerkfenster in Ahrweiler

dreischiffige Hallenkirche. 1269 wurde mit dem Bau begonnen. Im Inneren finden Sie Fresken aus dem 14. Jh. *Markt*

Stadtmauer von Ahrweiler

Die vollständig erhaltene mittelalterliche Stadtbefestigung von Ahrweiler ist neben der von Bad Münstereifel die schönste und eindrucksvollste der Eifel. Tore und Türme, Mauer, Wallgraben und Wehrgang machen die Altstadt zu einem mittelalterlichen Kleinod. Erbaut wurde die Stadtmauer zwischen 1255 und 1450. Sie ist 1600 m lang, 6 bis 8 m hoch und bis zu 1,5 m stark.

MUSEEN

Römervilla am Silberberg

★ 1980 entdeckte man bei Straßenbauarbeiten ein römisches Herrenhaus. Wegen ihres sehr guten Zustands gilt diese Römervilla den Funden an den italienischen Grabungsstätten Pompeji und Herculaneum als gleichwertig. *April–Mitte Nov. Di–Fr 10–18, Sa/So 10–17 Uhr, Am Silberberg*

Weißer Turm

In diesem markanten und überaus charakteristischen Wohnturm aus dem 13. Jh. ist das Museum der Stadt eingerichtet. Es enthält Exponate zu den Bereichen mittelalterliches Ahrweiler, Kur- und Badestadt Neuenahr im 19. Jh. und Tourismus im Ahrtal. Besonders wertvolle Stücke sind eine Eifeler Pietà aus dem 16. Jh. und ein Vortragekreuz aus dem Rhein-Maas-Raum aus dem 13. Jh. *Di–So 10–17 Uhr, Altenbaustraße 5*

RESTAURANTS

Astoria am Rathaus

Auf Fischgerichte und Vegetarisches spezialisiert. *Mo geschl., Hauptstr. 112, Tel. 02641/95 06 60, Fax 955 66 50, Kategorie 2*

Prümer Hof

Sehr schön im Herzen der historischen Altstadt gelegen. *Mo ge-*

schl., Am Marktplatz 12, Tel. 02641/ 47 57, Fax 90 12 18, Kategorie 2

ÜBERNACHTUNG

Jugendgästehaus
Das Haus steht in schöner Lage zwischen den Ufern der Ahr gelegen und ist sehr komfortabel. 15 Min. Fußweg in die Stadt. *140 Betten, St.-Pius-Straße 7, Tel. 02641/ 349 24, Fax 315 74, Kategorie 3*

Giffels Hotel Goldener Anker
Familienhotel in besonders ruhiger Lage am Kurpark. *85 Zi., Mittelstraße 14, Tel. 02641/80 40, Fax 80 44 00, Kategorie 1*

Hohenzollern
Inmitten der Weinberge gelegenes Haus mit großartigem Panoramablick. *25 Zi., Am Silberberg 50, Tel. 02641/42 68, Fax 59 97, Kategorie 2*

Steigenberger Hotel
Am Kurpark gelegen, mit dem Kursanatorium verbunden und mit dem gewohnten Luxus versehen. *224 Zi., Kurgartenstraße 1, Tel. 02641/94 10, Fax 70 01, Kategorie 1*

SPIEL UND SPORT

Ahrthermen
Diese selbst im europäischen Maßstab große und schöne Badelandschaft wartet mit zehn unterschiedlichen Badebecken auf. *Tgl. 9–23 Uhr, Felix-Rütten-Str. 3, Tel. 02641/80 12 00*

Golf
Einen 18-Loch-Platz gibt es in landschaftlich schöner Hügellage mit herrlichem Panoramablick im Stadtteil Bad Neuenahr. *Remagener Weg, Tel. 02641/23 25*

AM ABEND

Spielbank Bad Neuenahr-Ahrweiler
Mindestalter 18 Jahre, korrekte Kleidung, d.h. Jackett und Krawatte, ist erforderlich. Alle Spielarten. *Tgl. ab 14 Uhr, Automatenspiele ab 15 Uhr, Schnupperroulette jeden Samstagabend, Felix-Rütten-Straße 1, Tel. 02641/757 50*

AUSKUNFT

Tourist-Information Bad Neuenahr-Ahrweiler
Felix-Rütten-Str. 2, 53474 Bad Neuenahr-Ahrweiler, Tel. 02641/ 97 73 50, Fax 97 73 73, www.bad-neuenahr-ahrweiler.de

ZIELE IN DER UMGEBUNG

Burg Landskron **(107/F 4)**
In einer 45-minütigen Wanderung von Heimersheim unterhalb von Bad Neuenahr aus erreichen Sie die Ruine auf hohem Vulkankegel. Herrlicher Überblick über das untere Ahrtal.

Dernau **(107/D 4)**
Es handelt sich hier um einen der wichtigen Weinbauorte (1870 Ew.) des Ahrtals. Lohnend ist die Besichtigung der verschiedenen Weinkeller, die auch Weinproben anbieten. Anschauen sollten Sie sich die Ruine Mariental, ursprünglich Augustinerinnenkloster, heute Staatliche Weinbaudomäne. Für die Besichtigung der Ruinen müssen Sie am Empfang der Domäne nachfragen. *Tel. 02641/980 60, Fax 98 06 20*

Heppingen **(107/F 4)**
Der kleine Weinort unterhalb von Bad Neuenahr-Ahrweiler ist

Mondäne Bäderarchitektur: Badehaus und Springbrunnen in Bad Neuenahr

geradezu ein Wallfahrtsort für Gourmets. Ihr Ziel: Steinheuers Restaurant *Zur alten Post (Di geschl., Landskroner Straße 110, Tel. 02641/948 60, Fax 94 86 10, Kategorie 1)*. Preiswertere, kreativ interpretierte Regionalküche gibt es im Zweitrestaurant *Poststuben (Kategorie 2)*.

Walporzheim (107/E 4–5)

Einer der besonders schönen Weinorte an der Mittelahr. Sehenswert ist das Gebäude von ★ *Brogsitter's Weinhaus St. Peter*, dem ältesten Weingut an der Ahr. Von 1246 bis 1805 war es im Besitz der Kölner Domherren, das Kelterhaus stammt von 1713. Heute beherbergt es ein Restaurant, das zu den ersten Feinschmeckeradressen der Eifel gehört. *Walporzheimer Str. 134, Tel. 02641/977 50, Fax 97 75 25, Kategorie 1*

Zwischen Walporzheim und Dernau befindet sich die *»Bunte Kuh«*, ein eigenartiger Felsvorsprung, der die Bundesstraße überragt. Angeblich sieht der Felsen von weitem einem Tierkopf ähnlich. Die Sage hat noch eine andere Erklärung für den seltsamen Namen: Ein Mädchen hatte gewettet, sie könne den Felsen besteigen, um ihre Strümpfe zu wechseln und eine Flasche Wein zu leeren. Die Dame gewann die Wette und erhielt als Preis eine bunte Kuh. Wie dem auch sei, die »Bunte Kuh« gehört zu den schönsten Stellen des Ahrtals.

Stauseen und erloschene Vulkane

Die hier beschriebenen Routen sind in der Übersichtskarte im vorderen Umschlag und im Reiseatlas ab Seite 104 grün markiert

① WINDSCHUTZHECKEN UND FACHWERKZAUBER

Typisch für die Dörfer der Nordeifel sind die hinter hohen Windschutzhecken gelegenen Häuser und das ornamentreiche Fachwerk in den kleinen Städten. Die Route verbindet auf oft kleinen Seitenstraßen einige schöne Dörfer und Städtchen und führt dabei zu eindrucksvollen Stauseen, die in den letzten 100 Jahren entstanden sind. Die Route ist 145 km lang, doch für eine genussvolle Tour sollten Sie sich einen ganzen Tag Zeit lassen. Information: Eifel Touristik NRW, Marktstr. 15, 53902 Bad Münstereifel, Tel. 02253/922 20, Fax 92 22 23

Ausgangs- und Endpunkt ist der Großparkplatz Burgau am Stadtrand von *Monschau (S. 36).* Sie verlassen den Parkplatz über die Rurbrücke, fahren nach links und folgen der B 399 an der kleinen Perlenbachtalsperre vorbei nach *Kalterherberg (S. 39).* Das Dorf gehört zu den so genannten Höhendörfern um Monschau. Höfen und Mützenich, die ebenfalls auf dieser Route liegen, zählen auch dazu. Kalterherberg besitzt eine charakteristische Kirche und noch viele alte Bauernhäuser hinter hohen Windschutzhecken aus Rotbuchen. Vor der Kirche geht es nach links, bald darauf in die Schlucht des Perlenbachtals, hinunter zur *Höfener und Perlbacher Mühle,* wo die Forellen aus eigenen Teichen besonders munden. Auf der Höhe erreichen Sie die B 258, der Sie nach links in das schöne Dorf *Höfen (S. 39)* folgen. Hinter der Metzgerei Kaczmarek rechts abbiegen in die Trifstraße, an der besonders schöne, alte, zum Teil noch strohgedeckte Häuser hinter Windschutzhecken liegen. Über die Trifstraße und rechts weiter über die Rohrener Straße gelangen Sie rechts erneut auf die B 258, der Sie nun ein längeres Stück folgen. Die Strecke führt durch den lang gezogenen *Höfener Wald* sowie die Dörfer *Schöneseiffen* und *Harperscheid* (schöne alte Kirche rechts) in die Kleinstadt *Schleiden.*

Von dort geht es auf der B 265 links durch das Oleftal nach *Gemünd.* Dort biegen Sie an der Ampel rechts ab und wenig später am Postamt links Richtung Köln. Die B 265 führt in Serpentinen bergan bis zur Abzweigung Heimbach, wo Sie abbiegen und der Landstraße durch den großen *Kermeterwald* folgen bis zur *Trap-*

pistenabtei Maria Wald. Hier bietet sich die Klostergaststätte für eine kurze Rast an. Die Erbsensuppe ist sehr empfehlenswert! Über den Ort Kehren geht es hinab nach *Heimbach (S. 40),* einem Wallfahrtsort am gleichnamigen Staubecken. Sehen Sie sich dort die malerische *Burg Hengebach* und den kostbaren *Antwerpener Schnitzaltar* in der Kirche an. Die Route führt weiter durch das Rurtal über Hausen nach *Abenden (S. 40)* – ein überaus malerisches Fachwerkdorf – und hinauf in das alte Burgennest *Nideggen (S. 39).* Mittelalterliche Stadttore und der große Komplex der teilweise wieder aufgebauten Burg geben dem Ort sein Gepräge. Sie fahren hinab zur Rur und kommen durch das dort einmündende Kalltal über Zerkall nach Obermaubach, dem Dorf am gleichnamigen Staubecken.

Sie folgen dem Wegweiser nach Kleinhau-Hürtgen und erreichen auf der B 399 die weitläufige Gemeinde *Hürtgenwald (S. 41).* Die Route führt nach links Richtung Simmerath. Hinter Germeter biegen Sie links ab. Es geht steil hinunter ins Kalltal und wieder hinauf nach Rollesbroich, dann links über Strauch und Streckenborn nach Woffelsbach an der *Rurtalsperre Schwammenauel (S. 41).* Aus den talwärts führenden Kehren erleben Sie einen wundervollen Blick auf diese größte Talsperre der Eifel. Die Uferstraße bringt Sie von Woffelsbach nach *Rurberg (S. 41),* wo sich eine Unterbrechung der Fahrt lohnt. Besteigen Sie ein Schiff der Rurtalflotte und machen Sie eine Rundfahrt über den See, die etwa eineinhalb Stunden dauert.

Die weitere Fahrt führt von Rurberg südlich nach Einruhr und von dort Richtung Simmerath bis zur Abzweigung Dedenborn linker Hand. Dort verlassen Sie die B 266 und fahren durch das Rurtal nach *Dedenborn* – ein Dorf, das wegen seiner Schönheit sehr viele Liebhaber hat. Sehenswert ist die alte Dorfkirche mit der fast 300 Jahre alten Dorflinde. Durch das Rurtal, in dem der Fluss sich behäbig durch die weiten Wiesen windet, geht es in das Bilderbuchdorf *Hammer* und von dort weiter Richtung Monschau bis zum *Gasthaus Grünenthal* an der Rur (eine einfache, aber angenehme Einkehrmöglichkeit). Dann führt Sie die Straße sehr steil aufwärts – wobei Sie prächtige Ausblicke zurück ins Rurtal haben – über den Weiler *Widdau,* der sich an den Berghang schmiegt, nach Imgenbroich. Dort stoßen Sie wieder auf die B 258, der Sie in Richtung Aachen folgen bis nach *Konzen.* Rechter Hand gibt es besonders schöne Windschutzhecken zu sehen. Am Ortsausgang von Konzen biegen Sie wiederum nach links ab, Richtung Hatzevann-Mützenich. Sie kommen an einigen einsamen Bauernhöfen am Vennrand vorbei und dann in das Höhendorf *Mützenich (S. 39)* mit vielen prächtigen Windschutzhecken. Sie folgen der Hauptstraße nach links in Richtung Monschau, das Sie umfahren, indem Sie am Ortseingang nach rechts auf die Höhenstraße abbiegen. Der Schlenker wird mit reizvollen Ausblicken auf die kleine Stadt in der Tiefe belohnt, bevor Sie wieder auf den Parkplatz Burgau kommen.

② DIE NASSEN AUGEN DER VULKANEIFEL

Im Herzen der Vulkaneifel haben sich in den Kratern längst erloschener Vulkane zahlreiche kleine und große Wasserflächen gebildet, Maare und Kraterseen. Diese Rundreise führt mit Ausnahme des weit abgelegenen großen Laacher Sees zu allen heute noch existierenden Vulkanseen. Die Route ist rund 130 Kilometer lang. Wer an einem der Seen länger verweilen will, sollte zwei Tage mit Übernachtung für die Tour einplanen. Information: Vulkaneifel Touristik & Werbung GmbH, Mainzer Str. 25 a, 54550 Daun, Tel. 06592/ 93 32 00, Fax 93 32 50

Ausgangs- und Endpunkt der Tour ist die Kleinstadt *Daun (S. 57),* der Mittelpunkt der Vulkaneifel und einst Sitz eines bedeutenden Grafengeschlechts. Von der Burg der Grafen von Daun steht nicht mehr viel. An ihrer Stelle erhebt sich das Kurfürstliche Amtshaus, eine der ersten Hotel- und Gastronomieadressen der Eifel.

Sie verlassen Daun auf der B 257 östlich Richtung Ulmen, Ulmener Maar. Lassen Sie sich nicht täuschen von der weiten Wasserfläche, die am Ortsrand von *Ulmen (S. 61)* im freien Gelände liegt. Schon viele Besucher haben sie für das Ulmener Maar gehalten, tatsächlich jedoch ist sie der *Jungfernweiher,* einst von der Reichsbahn angelegt, damit in Ulmen die Dampflokomotiven Wasser bunkern konnten. Der Vulkansee selbst liegt mitten im Ort. Malerisch erhebt sich über dem kleinen Gewässer die Ruine der Burg Ulmen.

Das *Ulmener Maar* ist 40 m tief, und wer auf seinen Grund hinabtaucht, kommt dort unversehens in warmes Badewasser. Auf dem Grund des Vulkansees sprudelt nämlich eine heiße Quelle. Der Vulkanismus in der Eifel lebt tatsächlich noch!

Sie verlassen Ulmen auf der B 259 südöstlich Richtung Cochem, biegen in *Auderath* rechts ab und kommen über *Lutzerath* nach *Bad Bertrich (S. 59).* Dort hat sich noch kurz vor der Französischen Revolution der Trierer Kurfürst Clemens Wenzeslaus ein kostbares *Sommerschloss* errichten lassen. Es ist heute Kurhaus des einzigen Kurorts in Deutschland, in dem eine warme Glaubersalzquelle mit ihrem Wasser Heilung bei Magen- und Leberleiden verspricht.

Von Bad Bertrich bringt Sie ein Sträßchen hinauf nach *Hontheim* an die B 421. Sie folgen ihr rechts in Richtung Daun und kommen hinter dem Ort *Strotzbüsch* an das kleine *Immerather Maar (S. 61).* Das Maar liegt abseits der Straße in den Wiesen am Waldrand und ist leicht zu übersehen. Aber es gibt einen Wegweiser! Die Wasserfläche dieses Maars ist die stillste aller Eifeler Vulkanseen. Wer touristisches Treiben flieht, ist hier in jedem Fall richtig.

Kurz hinter dem Immerather Maar kreuzt die B 421 eine kleine Kreisstraße, auf die Sie links Richtung Gillenfeld abbiegen. Unübersehbare Wegweiser leiten Sie zunächst zum *Pulvermaar (S. 60).* Dieser kreisrunde Vulkansee im dichten Buchenwald ist mit einer Wassertiefe von 71 m der tiefste Bergsee Deutschlands außerhalb der Alpen.

Weniger hektisch ist es hingegen am *Holzmaar (S. 60)* rechts von der nach Manderscheid führenden kleinen Straße. Diese vulkanische Wasserfläche ist Mittelpunkt eines Naturschutzgebiets.

Sie bleiben auf dem Sträßchen, das Sie unter der Autobahn Koblenz–Trier hindurchführt, Richtung Manderscheid und fahren vorbei am Dorf Eckfeld. Dort liegt das *Eckfelder Maar (S. 66)*, das allerdings nur auf einem Wanderweg zugänglich ist. Die Wasserfläche ist seit über 10 000 Jahren verschwunden, doch dafür hat man in den Ablagerungen auf dem Grund des Maars neben vielen anderen interessanten Fossilien die Reste mehrerer Urpferde gefunden.

Die Straße führt steil hinab nach *Niedermanderscheid (S. 67)*, wo Sie sich dem weitläufigen Ruinenkomplex der Niederburg gegenübersehen. Ein Stück talaufwärts erhebt sich die Ruine der Oberburg über die Lieser. Den besten Blick auf die Burgen haben Sie von der aufwärts nach Manderscheid führenden Straße oder in *Manderscheid* selbst von der Aussichtsstelle Bellevue (ausgeschildert). Das Ensemble der Manderscheider Burgen gewährt den mit Sicherheit schönsten Burgenblick in der Eifel.

Sie verlassen Manderscheid auf der nach Bettenfeld führenden Straße. Am Fuß des *Mosenbergs (S. 68)* sollten Sie den Wagen auf dem Parkplatz abstellen und gute zehn Minuten zu Fuß zum Gipfelkreuz hinaufsteigen. Dort oben sind Sie von ausgekühlten Lavafelsen umgeben und schauen hinab auf die kleine Wasserfläche des *Windsborns (S. 15)*, des einzigen echten Kratersees der Eifel.

Vom Mosenberg aus steuern Sie das nahe Dorf *Bettenfeld* an, von dem aus in der Tiefe bereits das *Meerfelder Maar (S. 68)* mit dem Dorf Meerfeld zu sehen ist. Im 19. Jh. grub man einen künstlichen Abfluss für den Vulkansee, senkte seinen Wasserspiegel dadurch erheblich und gewann so fruchtbares Land für die Bauern von Meerfeld.

Die Straße führt von Bettenfeld in Richtung Daun zuerst nach *Üdersdorf*, dann zur *Üdersdorfer Mühle*. Dort erwartet Sie eine urige Einkehrmöglichkeit. Danach biegen Sie nach rechts ab Richtung Trittscheid. In unmittelbarer Nähe sollten Sie die Gelegenheit nutzen, in *Brockscheid (S. 67)* die Eifeler Glockengießerei zu besichtigen. Es ist eine der wenigen, die es in Deutschland noch gibt.

In *Trittscheid* heißt es wieder links fahren in Richtung Daun, und schon bald sehen Sie rechter Hand unterhalb der Straße das *Schalkenmehrener Maar (S. 60)*, das größte der drei Dauner Maare. Hier gibt es viele Möglichkeiten, Wassersport zu betreiben. Fast gegenüber sind Sie dann plötzlich beim *Totenmaar* (oder Weinfelder Maar; *S. 60)* auf der linken Seite der Straße. Überragt von der kleinen Friedhofskapelle und dem heute noch benutzten Friedhof des im 17. Jh. infolge der Pest entvölkerten Dorfs Weinfeld, ist das durch seinen schwarzen Lavauntergrund dunkel schimmernde Maar der Inbegriff des Eifeler Vulkansees schlechthin.

Zum Schluss geht es nach Daun hinab, doch vor dem Stadtrand lockt noch das kleinste der Dauner Maare, das *Gemündener Maar (S. 60)*, zu einem Abstecher nach links, ehe die Tour dann in der Stadt endet.

Die Eifel unter die Füße genommen

Erkunden Sie die Natur im Hohen Venn, die Blütenteppiche des Perlenbachtals und die Weinberge an der Ahr

AUF HOLZWEGEN DURCH DAS HOHE VENN

Eine beschauliche Wanderung durch die einzigartige Landschaft des Hohen Venns. Dauer: 3–4 Stunden. Festes Schuhwerk ist nötig, bei nassem Wetter sind Gummistiefel ratsam. Keine Einkehrmöglichkeit. Information: Monschau Touristik GmbH, Stadtstr. 1, 52156 Monschau, Tel. 02472/3300, Fax 4534

Die Hochmoorlandschaft Hohes Venn liegt überwiegend auf belgischem Gebiet und gehört zum *Deutsch-Belgischen Naturpark Nordeifel-Hohes Venn.* Der größte Teil des Gebiets steht unter strengem Naturschutz und darf in Belgien in der so genannten C-Zone nur in Begleitung ausgebildeter und zugelassener Guides Nature betreten werden. Die hier beschriebene Route führt zwar durch das Schutzgebiet, darf aber auf den markierten und meist mit Holzbohlen ausgelegten Wegen begangen werden. Ausnahmen: Im Frühjahr und Spätsommer ist jegliches Betreten verboten, wenn besondere Brandgefahr besteht. Dann signalisieren an den Zugängen rote Fahnen die Schutzzeit.

Ausgangspunkt der Wanderung ist der *Parkplatz am ehemaligen Zollamt* in Monschau-Mützenich (**104/B4**), direkt an der Grenze. Sie überqueren gegenüber dem Parkplatz die L 214, die ins belgische Eupen führt, und wandern in den hier abzweigenden *Forstwirtschaftsweg* hinein, erst noch auf deutschem Gebiet. Bald erreichen Sie zwei *Moorseen* links und rechts des Wegs. Diese wurden vor einigen Jahren von engagierten jungen Leuten mithilfe von Forstbeamten angelegt, indem sie die im 19. Jh. geschaffenen Drainagen versperrten und das Land so vernässten. Besonders der kleinere, linke Moorsee zieht Besucher in seinen Bann. Der *Pingo,* wie solche Wasserflächen im Hohen Venn genannt werden, ist von schütterem Wald gesäumt. Am Ufer dehnt sich ein Streifen Moos aus. Versucht man daraufzutreten, quellen übel riechende Gärungsgase heraus. Das Wasser wirkt selbst an sonnigen Tagen fast schwarz.

Der Weg führt aus dem Wald hinaus und an von halbhohen Buchenhecken gesäumten *Viehweiden* entlang. Die Hecken sind gerade so hoch, dass das Weidevieh dahinter ein wenig Windschutz hat. Hier und da hat man einzelne Bäume, die »Schopfbuchen«, stehen lassen. Sie lieferten früher das Brennholz.

Werfen Sie hin und wieder auch einen Blick zurück. Weit schaut man über das Monschauer Land – immerhin gehen Sie auf die höchste Stelle im Stadtgebiet zu, den fast 660 m hohen *Steling*. Ganz erreichen Sie die Höhe jedoch nicht, denn nach einer Biegung liegt plötzlich *Kaiser Karls Bettstatt* vor Ihnen. Der berühmte Frankenkaiser, der im nahen Aachen seine Pfalz hatte, wurde und wird in der Nordeifel für vieles verantwortlich gemacht. So berichtet die Überlieferung, der Kaiser habe sich bei einem Jagdausflug verirrt und auf dem Felsen übernachten müssen. Wenn Sie genau hinsehen, fällt auf, dass die deutsch-belgische Grenze einen Bogen um diesen in der Überlieferung so wichtigen Quarzitblock macht. Kaiser Karls Bettstatt liegt in einer Ausbuchtung noch auf deutschem Gebiet, in der Stadt Monschau.

Sie wenden sich nach links und folgen dem nun leicht abwärts führenden Pfad, der erst durch lichten Wald führt und dann in eine offene Landschaft, wie sie sonst nirgends in der Eifel (oder den angrenzenden Ardennen) zu finden ist. So weit das Auge reicht, dehnt sich eine ebene, allerdings leicht abfallende Hochfläche aus, die nur in der Ferne von Wald gesäumt ist. Einzelne Baum- und Buschgruppen durchziehen das Land, das von weitem wie eine ebene Wiese wirkt. Doch das Pfeifengras auf dem Boden verbirgt unzählige tückische Löcher, die oft mit Wasser und Morast gefüllt sind und das Vorwärtskommen besonders schwierig machen, wenn Sie versuchen, querfeldein zu gehen.

Querfeldeinlaufen ist nicht nur schwierig, sondern auch eine Gefahr für die besondere Vegetation dieser Landschaft. Allzu viel könnte zertreten werden. Deshalb legte die belgische Forstverwaltung kilometerlange *Holzstege* an, auf denen Sie das Moor fast mühelos durchwandern können. Nur bei Nässe sollten Sie aufpassen, da kann das Holz rutschig sein! Im Sommer und im Früh-

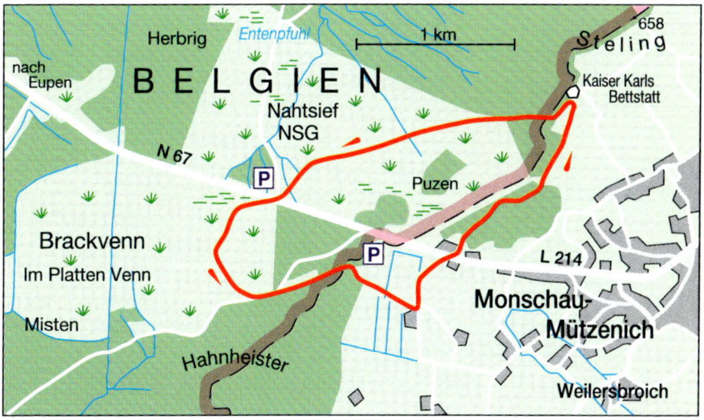

herbst finden Sie im Gelände links und rechts der Stege manch hübsche Blume, von den goldgelben Blüten der Ährenlilien angefangen über die dunkelroten Blüten des Sumpfblutauges bis zum strahlend blauen Sumpfenzian. Und natürlich sind mitunter auch weite Strecken von Heidekraut und Glockenheide bedeckt.

An einer *Weggabelung*, bei einer großen Übersichtstafel, folgen Sie dem Wegweiser *Nahtsief*. Der hölzerne Pfad windet sich nun stellenweise zwischen Birkengebüsch und Weidendickicht hindurch. Manchmal blinkt links oder rechts ein Moortümpel auf, über dem sich vielleicht ein paar weiße Wollgrasflocken wie winzige Wölkchen im Wind wiegen.

So weit Sie blicken können, ist um Sie herum nur weitgehend unberührte Natur. Erst allmählich hören Sie von fern, dann immer näher kommend Autolärm – die Eupener Straße. Am *Parkplatz Nahtsief* überqueren Sie diese und steigen auf der anderen Seite wieder ins Moor ein. Gleich zu Beginn liegt da *einer der schönsten Pingos dieser Wanderung*. Große Moosbänke haben sich im Wasser angesiedelt, Wollgras steht dicht an dicht und leuchtend weiß, und wenn Sie genau hinschauen, sehen Sie aus dem Moos die rötlichen Blättchen des Sonnentaus schimmern, jener Fleisch fressenden Pflanze, die sich von kleinen Insekten ernährt.

Linker Hand taucht ein *Waldrand* auf. Bei einer *Weggabelung* wenden Sie sich ihm zu und erreichen einen festen *Forstwirtschaftsweg*. Ihn queren Sie und gehen in einen kleinen *Waldweg*, mit dem Sie wieder die Grenze überschreiten und auf deutsches Gebiet zurückkommen. Dann sehen Sie vor sich einige Bauernhöfe. Zwischen ihnen führt der Weg, nun breiter und als Viehweg genutzt, hindurch auf die Asphaltstraße, auf der Sie sich nach links wenden, um nach wenigen hundert Metern am Parkplatz wieder herauszukommen.

ZUR BLÜTE DER WILDEN NARZISSEN INS PERLENBACHTAL

Das gibt's nur einmal! Nirgends ist im Frühjahr die Blütenpracht der wilden Osterglocken, der wilden Narzissen, so überreich zu erleben wie in den Tälern der Nordeifel. Diese einzigartige Blütenpracht zu erleben, die sich wie eine goldene Welle durch die Täler zieht, rechtfertigt eine etwas umständliche Art der Wanderung, die wegen der fehlenden öffentlichen Verkehrsanbindung nur so möglich ist. Entweder bringen Sie vor der Wanderung ein Auto an den Zielpunkt Perlenau bei Monschau, oder Sie fahren Taxi. Die Wanderung, die am sichersten zwischen Mitte April und Anfang Mai das Blütenwunder erleben lässt, ist einfach, es geht immer bergab. Dauer: 4–5 Stunden. Festes Schuhwerk empfiehlt sich, Einkehrmöglichkeiten sind gegeben. Information: Monschau Touristik GmbH, Stadtstr. 1, 52156 Monschau, Tel. 02472/3300, Fax 4534. Achtung: Sie wandern ausschließlich im Deutsch-Belgischen Naturpark Nordeifel-Hohes Venn, in dem die Narzissen geschützt sind. Ein Abpflücken der Blüten oder gar Ausgraben der Zwiebeln ist nicht erlaubt!

Ausgangspunkt für diese Wanderung ist der kleine *Parkplatz im Wald* an der Straße Wahlerscheid–Rocherath (**104/C6**) *beim Kilometerstein 11*. Sie gehen von da

aus nach rechts, etwa 200 m durch den Fichtenwald, dann erreichen Sie weitgehend offenes Wiesengelände. Dort entspringt der *Schwalmbach,* wie der Perlbach oder Perlenbach in seinem Oberlauf heißt. Zur Hauptblütezeit in der zweiten Aprilhälfte sind die Wiesen hier goldgelb von Tausenden wilder Osterglocken.

Sie folgen dem Weg, der sich am rechten Rand der Wiesen dahinzieht, bis zu einer *asphaltierten Forststraße.* Der folgen Sie rechts 1 km lang bis zur ersten großen *Waldschneise,* die erneut nach rechts abbiegt. Über sie erreichen Sie bald den *Krokkesbach.* Ihm folgen Sie auf teilweise nassem Weg abwärts. Dabei wird das Blütenschauspiel immer dichter und großartiger. Am intensivsten erleben Sie es dann im Bereich der Einmündung des Krockesbachs in den Schwalmbach.

Rechts über dem Zusammenfluss erhebt sich der *Schieferfelsen der Bieley,* deren steile Hänge meist dicht mit Narzissen bedeckt sind. Wegen der großartigen Aussicht sollten Sie den kurzen, steilen Aufstieg auf die Bieley mit ihrem hervorragenden Picknickplatz wagen. Auf dem Felsen soll bis zur Französischen Revolution ein Galgen gestanden haben, an dem die Perlenfrevler gehenkt wurden, die das landesfürstliche Privileg des Perlenfischens gebrochen hatten. Noch heute kommen im Schwalmbach Flussperlmuscheln vor, die streng geschützt sind.

Von der Bieley aus wandern Sie am Perlbach entlang abwärts, wobei Sie sich auf dem rechten Flussufer halten sollten. Das Erlebnis Narzissenwiesen ist dort besonders intensiv. Kurz vor der *Höfener oder Perlbacher Mühle* mündet von rechts der *Fuhrtsbach* in den Schwalmbach, der ab dort offiziell *Perlenbach* heißt. Direkt hinter der Steinbrücke über den Fuhrtsbach gehen Sie links auf dem schmalen *Pfad am Perlbach* entlang zur *Mühle,* wo Sie einkehren können. Zum Schluss führt die Route an der *Perlbachtalsperre* vorbei bis zum Staudamm. Jenseits des Staudamms überqueren Sie die Straße und halten sich immer noch dicht am Perlbach auf dessen rechtem Ufer, bis Sie das Gasthaus Perlenau erreichen.

AUF DEM ROTWEINWANDERWEG DURCH DAS AHRTAL

Detailplan in der hinteren Umschlagklappe

Das für seine Rotweine bekannte Ahrtal erleben Sie am besten auf einer Wanderung über den Rotweinwanderweg. Für den ganzen Weg von Lohrsdorf nach Altenahr können Sie – mit Weinproben – gut und gern drei Tage ansetzen. Für das schönste Teilstück, die Strecke von Ahrweiler nach Altenahr, kommen Sie mit 4–5 Stunden aus. Die Wanderung ist leicht und hat nur wenige Steigungen. Festes Schuhwerk ist empfehlenswert. Die Rückfahrt von Altenahr nach Ahrweiler erfolgt mit Bus oder Bahn. Information: Touristik-Service Ahr, Rhein, Eifel, Felix-Rütten-Str. 2, 53474 Bad Neuenahr-Ahrweiler, Tel. 02641/97730, Fax 977373

Der Wagen bleibt auf dem großen *Parkplatz am Bahnhof* in Ahrweiler. Dann heißt es, wie bei einem Suchspiel, auf Mauern und Masten, an Hauswänden oder eigens angebrachten Wegweisern die rote Traube auszumachen, die Sie eine Weile durch das größte geschlossene Rotweinanbaugebiet Deutschlands geleiten soll.

Wandern Sie nicht gleich in die Weinberge, sondern widmen Sie dem malerischen *Stadtbild* die gebührende Zeit. Ahrweiler ist ein weitgehend erhaltenes Städtchen aus dem Mittelalter mit Stadtmauer, Türmen und Toren und zum Teil kunstvoll verzierten Fachwerkhäusern. Anders als in der Nordeifel ist das Fachwerk hier vielfach bunt bemalt, und mitunter ist das Balkenwerk kunstvoll mit Figurenschmuck und Ornamenten geschnitzt.

Wenn Sie dann der roten Traube folgen, achten Sie zwischen dem Hotel Hohenzollern und dem Altenwegshof auf den *Wegweiser zur Bunten Kuh.* Es ist nur ein *Abstecher* von wenigen Minuten nach links, doch er lohnt sich, haben Sie doch von dem Felsen mit dem lustigen Namen einen faszinierenden Blick auf das tief in die Schieferfelsen eingeschnittene Ahrtal, das hier besonders eng und wild ist. Wären Sie nicht erst am Beginn ihrer Wanderung, wäre der nahe *Altenwegshof* eine lauschige Einkehrstätte, wo man draußen unter alten Bäumen wundervoll sitzen und dem Ahrburgunder zusprechen kann!

Der Weg zieht in halber Höhe durch die Weinberge, gibt dabei immer wieder den Blick auf das Tal frei. Aber was heißt hier Tal! Das scheint ein halbes Dutzend Täler zu sein, die da unten ineinander verschachtelt sind. Bergrücken, Felsrippen und Waldkuppen drängen und schieben sich gegeneinander und ineinander. Erst bei näherem Hinsehen können Sie erkennen, dass sich die Ahr da so ungeheuer windungsreich ins Schiefergestein hineingefressen hat, das mit seinen Verwitterungsböden, aber auch mit seinen Wärme speichernden Felsen den Weinbau hier auf 520 ha Fläche überhaupt erst möglich gemacht hat.

Dernau ist ein hübscher alter Ort im Ahrtal. In einem einstigen Kloster befindet sich heute die Staatliche Weinbaudomäne. Vielleicht steigen Sie zur Einkehr am Mittag dorthin ab. Vielleicht gehen Sie aber auch weiter bis *Rech,* dem zweifellos hübschesten Dorf des Tals. Der Fluss teilt den kleinen Ort, dessen Hälften die älteste Brücke des Ahrtals verbindet. Früher war Rech ein häufig besuchter Wallfahrtsort, in dem die heilige Lucia verehrt wurde. Sie ist heute fast vergessen, als Wallfahrer kommen inzwischen die Weinliebhaber, die angelockt werden von Lagennamen wie »Blume«, »Hardtberg« oder »Herrenberg«.

Später ziehen Sie wieder weiter über den Rotweinwanderweg. Nur fußbreit führt er jetzt zwischen den Weinstöcken dahin, geht hinauf in die Felsen und über Treppchen wieder hinunter, manchmal muss er gar durch Drahtseile gesichert werden. Ganz deutlich ist der *Elzberg* noch als alter Umlaufberg der Ahr zu erkennen, um den sie vor Jahrtausenden geflossen ist und ein tiefes Tal gegraben hat. Heute ziehen sich die Reben des *Mönchsbergs* bis ins Tal hinab.

Die *Saffenburg* wird sichtbar, *Mayschoss* taucht auf, bleibt wieder in den Weinbergen zurück, dann dringt der Rotweinwanderweg zur Abwechslung in dichten Wald ein. Plötzlich sehen Sie in der Tiefe das Tal mit *Reimerzhoven* und *Laach* wieder. Auf einem Felsriegel ragt die Ruine der *Burg Aare* auf. In ihr wurde Konrad von Hochstaden geboren, der als Erzbischof von Köln 1248 mit dem Bau des Kölner Doms begann. Wo Sie kurz darauf den *Aussichtspavillon* mit einem schönen Blick auf Altenahr erreichen, stand einst der als Gefängnis genutzte Bergfried der Burg Aare. In wenigen Minuten sind Sie dann wieder unten in Altenahr, von dessen Bahnhof aus Sie mit Bus oder Bahn zum Parkplatz in Ahrweiler zurückkehren.

Von Auskunft bis Zimmervermittlung

Hier finden Sie kurz gefasst die wichtigsten Adressen und Informationen für Ihre Reise in die Eifel

AUSKUNFT

Es gibt noch keine touristische Stelle für die gesamte Eifel. Wenden Sie sich an die übergeordneten Stellen oder die örtlichen Tourist-Informationen.

Nordeifel:
Eifeltouristik Nordrhein-Westfalen
Postfach 1346, 53897 Bad Münstereifel, Tel. 02253/92 22 12, Fax 92 22 23, www.eifel-touristik.de

Westeifel/Vulkaneifel:
Eifel-Tourismus-Gesellschaft
Kalvarienbergstr. 1, 54595 Prüm (Die Auskunftsstellen von Daun und Bitburg sind fusioniert. Bei Drucklegung standen die neuen Telefon- und Faxnummern noch nicht fest. Vorläufig gelten noch die Nummern von Daun) Tel. 06592/93 32 00, Fax 93 32 50

Osteifel:
Rhein-Mosel-Eifel-Touristik
Bahnhofstraße 9, 56068 Koblenz, Tel. 0261/10 84 19, Fax 300 27 97, remet.myk@rz-online.de

Ahrtal:
Rhein-Mosel-Eifel-Touristik
Markt 11, 53474 Bad Neuenahr-Ahrweiler, Tel. 02641/977 30 oder 97 73 50, Fax 97 73 73, www.bad-neuenahr-ahrweiler.de

CAMPING

Das Campen ist nur auf den ausgewiesenen Campingplätzen erlaubt. Es gibt sie überall in der Eifel, häufig an Flüssen, Stauseen oder Maaren. Auskunft geben die Tourist-Informationen.

EIFELCARD

Gilt für Busse und Bahnen in der Eifel und gewährt bei vielen touristischen Zielen wie Museen, Gasthöfen und Sportzentren einen Bonus. Die Tageskarte kostet für eine Person 24, für eine Familie (2 Erw., 2 Kinder) 32 Mark, die Dreitageskarte für Familien oder Einzelpersonen 49 Mark. Erhältlich bei den Touristinformationen.

FERIEN AUF DEM BAUERNHOF

Unter dem Motto »Naturlaub bei Freunden« haben sich Gast-Bauernhöfe der Eifel zusammengeschlossen. Neben dem Mit-Leben auf dem Bauernhof bieten viele auch ein interessantes Programm,

z. B. »Einmal Schäferluft schnuppern«. Auskunft: *Naturlaub bei Freunden, Schmittbachstr. 15, 55469 Simmern, Tel. 06761/90 81 13, Fax 96 42 40*

FERIENDÖRFER

Überall in der Eifel sind kleine Feriendörfer mit typischen spitzgiebeligen Ferienhäuschen entstanden. Auskünfte bei den Tourist-Informationen.

Ein größerer Ferienpark, betrieben von der niederländischen Gran-Dorado-Gruppe, mit Komfortbungalows, Palmenpark, Südsee-Badeparadies und Restaurants, befindet sich in der Nähe von Kelberg. *Ferienanlage Heilbachsee, 56767 Gunderath, Tel. 02657/80 90, Fax 14 60*

GRENZÜBERGÄNGE

Die Eifel ist Grenzland. Die Grenzkontrollen zwischen Belgien, Deutschland, und Luxemburg wurden schon lange sehr großzügig gehandhabt. Seit 1994 gibt es offiziell keine Grenzkontrollen mehr, da alle drei Länder das Schengener Abkommen unterzeichnet haben. Für Ausflüge von der Eifel ins benachbarte Ausland brauchen Sie sich daher nicht mehr an offizielle Grenzübergänge zu halten, weder als Fußgänger noch als Rad- oder Autofahrer. Es empfiehlt sich aber die Mitnahme der internationalen grünen Versicherungskarte bei der Autofahrt über die Grenze.

KLIMA

Die Eifel hat sehr unterschiedliches Klima. Im Nordwesten, am Rand des Hohen Venns und der Schneifel, ist es ausgesprochen rau und niederschlagsreich, im Maifeld, in der Nähe von Koblenz, nahe dem Rhein und dem unteren Ahrtal ist das Klima milder und niederschlagsärmer. Insgesamt gehört die Eifel als Teil des Rheinischen Schiefergebirges zum atlantischen Klimabereich, das heißt, Sie müssen mit wechselhaftem, niederschlagsreichem und nicht allzu warmem Wetter rechnen.

MINERALIENSUCHE

Schöne Mineralien und vor allem Versteinerungen aus den Kalkablagerungen des Devonmeers, das vor 380 Mio. Jahren die heutige Eifel bedeckte, finden Sie vor allem in der Gegend von Gerolstein. Das dortige Verkehrsamt informiert über geeignete Fundstellen, an denen jeder suchen darf. Es werden aber auch regelmäßig Exkursionen unter erfahrener Führung angeboten.

ÖFFENTLICHE VERKEHRSMITTEL

Die öffentlichen Verkehrsverhältnisse in der Eifel sind miserabel. Nur die Bundesbahnstrecke Köln–Trier durchquert noch die Eifel. Auch der Busverkehr wird immer weiter ausgedünnt. Mag es noch so wenig umweltfreundlich sein, für Eifelreisende bleibt so nur das eigene Kraftfahrzeug.

ÖFFNUNGSZEITEN

In besonders stark besuchten Fremdenverkehrsorten können touristisch bedeutsame Geschäfte während der Saison auch sonntags geöffnet sein.

Die Hohe Acht ist ein beliebtes Wanderziel und bietet eine tolle Aussicht

RADFAHREN

In vielen Orten können Fahrräder und Mountainbikes ausgeliehen werden. Im rheinland-pfälzischen Teil der Eifel ist das Radfahren nach dem Landesforstgesetz auf Wegen verboten, die nicht breiter als 2 Meter sind.

REITEN

Die weite Eifel ist ein ausgesprochenes Reiterland. »Eifel zu Pferd« nennt sich ein Zusammenschluss von Reiterhöfen und Gestüten, die Wanderreitern ein ganzes Netz von Quartieren für Mensch und Tier anbieten. Auch das Ausleihen von Pferden, Kutschfahrten und Pferdetransportdienste sind möglich. Auskunft: *Verein Eifel zu Pferd, Auf dem Dackscheid 1, 54619 Großkampenberg, Tel. 06559/93051, Fax 93052, E-Mail vorstand@eifelzupferd.de*

WANDERN

Wandern wird in der Eifel groß geschrieben. Der Eifelverein, mit Hauptsitz in Düren, gehört zu den ältesten Mitgliedsverbänden im Zusammenschluss der deutschen Gebirgs- und Wandervereine. Er unterhält, betreut und markiert ein Wanderwegenetz von mehreren tausend Kilometern, das die Eifel kreuz und quer durchzieht. Auf diesen guten Wegen können Sie abseits der verkehrsreichen Straßen das Bergland durchwandern.

WASSERWANDERN

Bei Kanusportlern beliebt sind in der westlichen Eifel die Flüsse Kyll (unterhalb von Gerolstein),

Nims, Prüm und Sauer. Insbesondere die Irreler Wasserfälle sind für Wildwassersportler eine Herausforderung, die aber viel Können und Erfahrung verlangt. Es versteht sich von selbst, dass Kanufahrten nur bei ausreichendem Wasserstand unternommen werden dürfen.

WINTERSPORT

Die wichtigste Voraussetzung für den Wintersport, Schneesicherheit, ist durch zu geringe Höhenlage in der Eifel nicht gegeben. Sollte es aber einmal genug schneien, so bieten sich folgende Gebiete mit entsprechender Infrastruktur für den Wintersport an: Rohren bei Monschau; Hollerath-Udenbreth bei Hellenthal; Schwarzer Mann und die Wolfsschlucht bei Prüm; der Mäuseberg bei Daun; Jammelshofen bei der Hohen Acht.

ZIMMERVERMITTLUNG

Die Eifel ist keine überlaufene Ferienregion. Trotzdem sollte man bemüht sein, in der Ferienzeit und in ausgesprochenen Touristenzentren rechtzeitig zu buchen, um sein Wunschquartier zu bekommen. Insbesondere an Wochenenden mit Großveranstaltungen auf dem Nürburgring sind oft alle Hotels im weiten Umkreis bis zur Mosel ausgebucht. Bei Spontanurlauben unbedingt vorher bei einer Tourist-Information anrufen.

WETTER IN MANDERSCHEID

Die monatlichen Durchschnittswerte im Überblick

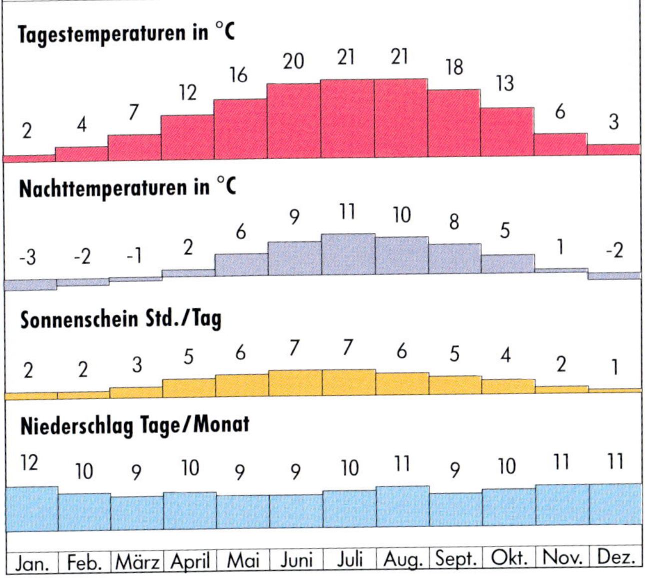

Bloß nicht!

Einige Tipps, die Ihnen helfen könnten, allerlei Unbill zu vermeiden

Allein auf Felsen klettern
Die Alpenvereinsbüros Aachen, Düren, Köln, Bonn, Koblenz und Trier geben Auskünfte über Klettermöglichkeiten und Kletterkurse. Steigen Sie keinesfalls auf eigene Faust in die Felsen. Sie gefährden nicht nur sich selbst, sondern auch brütende Vögel und seltene Pflanzen.

Geschützte Pflanzen pflücken
In der Eifel gibt es zahlreiche kleinere und größere Naturschutzgebiete. In ihnen ist jede Beeinträchtigung der Natur verboten. Weder dürfen Sie Pflanzen pflücken oder ausgraben noch Büsche knicken oder sonstwie beschädigen.

Darüber hinaus finden sich Gebiete, die von seltenen Pflanzen oder Tieren geprägt sind. Die Eifel ist z. B. das orchideenreichste Gebiet in Deutschland, sie bietet Flussbibern, Schwarzstörchen und Wildkatzen einen Lebensraum.

Zu Stoßzeiten losfahren
Besuchen Sie den Laacher See, das Totenmaar, die Manderscheider Burgen, Monschau oder Monreal möglichst nicht zur Hochsaison. Sonst bekommen Sie vielleicht weder das Wasser der Maare noch die Fachwerkhäuser der Städtchen zu Gesicht. Bedenken Sie, dass die Stimmung, die von einem Vulkansee ausgeht, an einem trüben Novembertag viel eindrucksvoller sein kann als an einem strahlenden Sommertag.

Im Bergland zu schnell fahren
Das Straßennetz der Eifel ist gut ausgebaut. Im Bergland, vor allem in den Flusstälern von Ahr, Kyll oder Nims, gibt es aber noch enge Straßen mit unübersichtlichen Windungen und Schlaglöchern. Fahren Sie dort besonders vorsichtig.

Wassersport
Auf den Stauseen der Nordeifel und auf den Vulkanseen der südlichen Eifel sind Motorfahrzeuge verboten. In der Nordeifel sind die reinen Trinkwassertalsperren und in der Vulkaneifel das unter Naturschutz stehende Totenmaar gesperrt. Weder Baden noch Rudern, Segeln, Surfen oder sonstige Betätigungen im und auf dem Wasser sind erlaubt.

Zum Nürburgring bei Großveranstaltungen
Wenn Ihr Ziel nicht ausdrücklich eine Großveranstaltung auf dem Nürburgring ist, sollten Sie zu diesen Zeiten die Region rund um den Ring meiden. Anlässlich der großen Rennen oder auch »Rock am Ring« gibt es in der weiteren Umgebung weder freie Zimmer noch Campingplätze.

Reiseatlas Eifel

Die Seiteneinteilung für den Reiseatlas finden Sie auf dem hinteren Umschlag dieses Reiseführers

Aachen
BRAND
BUSBACH
Krauthsn.
DORFF
B
C
KORNELI-
MÜNSTER
Breinigerheide
Breinig
Venwegen
Walheim
LICHTENBUSCH
Raeren
Raerener Wald
Mulartshütte
Zweifall
Hürtgen
Roetgen
Stausee
Dreilägerbach
Lammersdf.
Hertogen-
Wald
Eupener Stausee
Lac d'Eupen
Reinartzhof
NSG
Fringshaus
Simmerath
KONZEN
Kesternich
Huppenbroich
Eicherscheid
IMGEN-
BROICH
Hautes Fagnes
(Hohes Venn)
MÜTZENICH
Parc
Naturel
MONSCHAU
Menzerath
Höfen
ROHREN
Kalterherberg
Perlenbach
Stausee
Eschweide
Alt Hattlich
Ternell
Kloster Reichenstein
Heidgen
Dedenborn
Hammer
Rur
Witzerath
Paustenbach
Bickerath
Entenpfuhl
Rollesbroich
Strauch
Kesternich
Wahlerscheid
Forst
Deutsch
Monschau
Hautes Fagnes/Eifel
Vennbahn
BELGIQUE
Belgisch
Robertville
Elsenborn
Camp d'Elsenborn
Nidrum
Berg
Lac de Butgenbach
Rocherath
Wirtzfeld
Krinkelt
Waimes
Buttgenbach
Ovifat
Sourbrodt
Champagne
Gueuzaine
Outrewarche
2 km
258
399
N67
N669
N647
A 3
E40
44
108

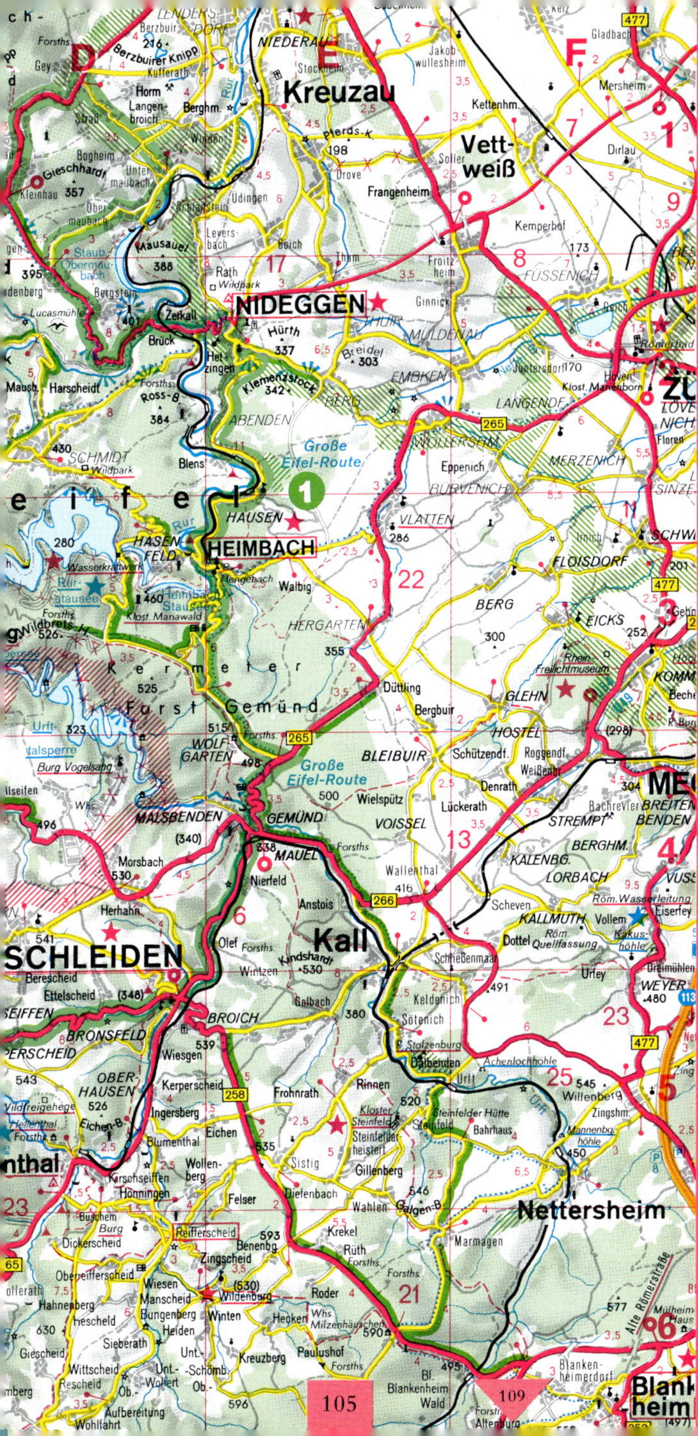
Kreuzau
Vettweiß
NIDEGGEN
HEIMBACH
Kall
SCHLEIDEN
Nettersheim
Große Eifel-Route
Eifel
Kermeter
Forst Gemünd
GEMÜND
Rurstausee
Urftalsperre
Burg Vogelsang
HAUSEN
Zerkall
Hürth
Berg
Embken
Wollersheim
Merzenich
Langendorf
Vlatten
Bürvenich
Floisdorf
Eicks
Glehn
Hostel
Bleibuir
Voissel
Lückerath
Denrath
Strempt
Kalenbg.
Lorbach
Kallmuth
Scheven
Dottel
Urfey
Wallenthal
Mauel
Nierfeld
Anstois
Olef
Wintzen
Golbach
Keldenich
Sötenich
Dalbenden
Rinnen
Frohnrath
Kloster Steinfeld
Steinfelderheistert
Gillenberg
Wahlen
Krekel
Marmagen
Bahrhaus
Broich
Wiesgen
Berescheid
Ettelscheid
Bronsfeld
Oberhausen
Kerperscheid
Ingersberg
Eichen
Blumenthal
Herhahn
Morsbach
Malsbenden
Wolfgarten
Heimbacher Stausee
Klost. Mariawald
Hergarten
Walbig
Düttling
Bergbuir
Schützendf.
Roggendf.
Weißenbr.
Wielspütz
Dürscheven
Kommern
Rhein. Freilichtmuseum
Rom. Wasserleitung
Kakushöhle
Eiserfey
Vollem
Weyer
Zingsheim
Willenberg
Mannenbg. höhle
Reifferscheid
Zingscheid
Wildenburg
Benenbg.
Rüth
Roder
Hecken
Milzenhäuschen
Paulushof
Kreuzberg
Dickerscheid
Buschem
Kirschseiffen
Honningen
Hellenthal
Wiesen
Manscheid
Bungenberg
Winten
Heiden
Hahnenberg
Hescheid
Sieberath
Giescheid
Wittscheid
Rescheid
Aufbereitung
Wohlfahrt
Bf. Blankenheim Wald
Blankenheimerdorf
Alte Römerstraße
Kettenhm.
Jakobwüllesheim
Mersheim
Dirlau
Kemperhof
Frangenheim
Soller
Drove
Stockheim
Niederau
Frohnrath
Froitzheim
Ginnick
Thum
Boich
Leversbach
Rath
Udingen
Bergheim
Langenbroich
Horm
Kufferath
Berzbuirer Knipp
Bogheim
Untermaubach
Obermaubach
Schlagstein
Gieschhardt
Kleinhau
Bergstein
Brück
Heltzingen
Klemenzstock
Abenden
Blens
Harscheidt
Ross-B.
Schmidt
Wildpark
Hasenfeld
Wasserkraftwerk
Hengebach
Eppenich
Juntersdorf
Füssenich
Muldenau
Breidel
Schleiden
Dreimühlen
Achenlochhöhle
Steinfelder Hütte
Galgen-B.
Diefenbach
Sistig
Felser
Wollenberg

109

Weiler-swist
Kl.-Vernich
Groß-Vernich
NIEDERBERG
BORR
WEILER I. D. EBENE
Diesternich
Sievernich
Scheuren
Drieschhof
Gertrudenhof
Horchheim
Lommersum
Hausweiler
Schwarzmaar
Müggenhausen
Neukirchen
Derkum
Schneppenheim
Straßfeld
RÖVENICH
BESSENICH
Niederelvenich
Mülhm.
WICHTERICH
Lüssem
OBER-ELVENICH
Oberwichterich
Bodenheim
NEMMENICH
Irresheim
FRAUENBERG
ZÜLPICH
Euskirchen (Doppelanschluß)
Kessenich
Burg
WÜSCHHEIM
GR.-BÜLLESHEIM
DOM-ESCH
Ollheim
Mömerzheim
ÜLPENICH
Schievels-B.
DÜRSCHEVEN
ELSIG
LINZENICH
SINZENICH
EUENHEIM
St. Martin
Kleebg.
WEIDESHEIM
Miel
Lüdendf.
ENZEN
Wißkirchen
EUSKCHN.
Essig
ND.
CHWERFEN
Virnich
WISSKCHN.
KUCHENHEIM
Odendf.
OBER-
OBER-GARTZEM
Burg Veynau
ROITZHEIM
PALMERSHM.
STOTZHEIM
RHEINBA
FLAMERSHM.
FIRMENICH
SCHAVEN-SATZVEY
Hochwildschutzpark
BILLIG
RHEDER
KREUZ-WEINGARTEN
Hs. Zievel
NIEDER-KASTENHOLZ
Hardtburg
Burg Ringsheim
Waldau
KOMMERN
Becherhof
Katzvey
LESSENICH
Maria Rast
ANTWLR.
Röm. Wasserleitung
OB. KASTENHOLZ
Forsths.
KIRCHHEIM
SCHWEINHEIM
Speckelstein
KALKAR
RISSDORF
WACHENDORF
Röm. Kalkwerk
B. Kirspenich
HOCKEN-BROICH
Klost. Schweinheim
QUECKENBERG
Scherbach
LOCH
Krahforst
IRLENBUSCH
MECHERNICH
WEILER A. BGE.
ARLOFF
Steinbach-Stausee
Madbach-Stausee
Gürst
Hardt
Eichen
Bad Münstereifel-Mechernich
IVERSHEIM
ESCHWEILER
Hahnen-B.
Kurtenberg
HOLZHEIM
Radioteleskop Stockert
Heistardburg
VUSSEM
BAD MÜNSTEREIFEL
Hirn-B.
Nöthener M.
Stadtbefestigung
HARZHEIM
GILSDF.
Rodert
Forsths.
SCHEUREN
Maulb.
NÖTHEN
Eifelbad
HOHN
Große Eifel-Route
Knipp-B.
HOUVERATH
EICHEN
Heidentempel
KOLVENBACH
EICHERSCHEID
Pesch
Nettersh.
Wald
LIMBACH
SCHEUERHECK
Zingshmr. M.
Bergrath
HOLZEM
Kirchsahr
Häselingen
Binzenbach
Bouderath
WEISSENSTN.
SCHÖNAU
MAHLBERG
Michels-B.
EFFELSBG.
Radioteleskop Effelsberg
Burgsahr
Roderath
RECKERSCHEID
Holzmülheim
Himberg
Kopnück
WILLERSCHEID
Soller
HUMMERZHM.
Hürnig
Plittersdorf
Frohngau
LANGSCHEID
Engelgau
Esch
ODESHM.
HONERATH
BERRESHM.
Buir
Bröblingen
Nitterscheid
MUTSCHEID
Obliers
Tondorf
Blindert
ELLESHM.
HÜNKHOVEN
Falkenberg
SASSERATH
Heistert
HILTERSCHEID
RUPPERATH
R. Wenzberg
Blankenheim
Hümmel
OHLERATH
Pitscheid
Laubachshof
Lindweiler
Mülheimer Haus
Mülheim
Rohr
Marthel
Harscheid
Sierscheid
Blankenheim
Schuld
Wershofen
Ohlenhard
Junker-B.
Insul
Reetz
Frohnhofen
Eichenbach
Winnerath
Fuchshofen
Lückenbach
Freilingen
2km

110

BONN
Alfter
Brenig
Roisdorf
Hennesen-B.
Dransdf.
Beethovenh.
Münster
Endenich
Lessenich
Poppelsdorf
Beuel
Küdinghvn.
Vilich
Holzlar
Pützchen
Limperich
Bröl-Route
Kohlkaul
Heidebgn.
Birlinghvn.
Gielgen
Rauschendorf
Hoholz
Roleber
Holtorf
Stieldorf
Ramersdf.
Vinxel
Oberkassel
Oberdollendf.
Niederdollendf.
Gielsdorf
Oedekoven
Impekoven
Hardtberg
Hardthöhe
Lengsdf.
Ippendf.
Kessenich
Dottendf.
Friesdf.
Godesburg
Ückesdorf
Witterschlick
Heidgen
Volmershoven
Buschhoven
Morenhoven
Röttgen
Rüngsdorf
Plittersdorf
Wildfreigehege
BAD GODESBERG
KÖNIGSWINTER
Muffendorf
Lannesdorf
Kottenforst
Forst Ville
Huppenberg
Heiderhof
Mehlem
Liessem
Flerzheim
Lüftelberg
Meckenheim-Nord
Villiprott
Villip
Pech
Nd. Bachem
Rolandswerth
Rodderberg
Ramershoven
MECKENHEIM
Schl. Gudenau
Gimmersdorf
Kürrighoven
Wildpark
BAD HONNEF
Rheinbach
Klein Altendorf
Meckenhm. Merl
Holzem
B. Odentsg.
Berkum
Züllighoven
Oberwinter
Rheinbreitbach
Adendorf
Kl.-Villip
Wachtberg
Oedingen
Bandorf
Birgel
Ipplendorf
Münchshn.
Sommersberger Hof
Arzdorf
Werthhoven
Unkelbach
UNKEL
Kreuz Meckenheim
Eckendf.
Fritzdorf
Birresdf.
Niederich
Bentgerhof
Ersdf.
Altendf.
Grafschaft
Overich
Leimersdorf
Nierendf.
Erpel
Heister
Calmuth
Schl. Marienfels
Apollinariskirche
Gelsdorf
Beller
Dreieck Bad Neuenahr-Ahrweiler
Kirchdaun
Vettelhofen
Bölingen
Ringen
Karwfr.
Bengen
REMAGEN
Hot. Waldburg
Köhlerhof
Holzweiler
Grafschaft
Gimmigen
Bad Bodendorf
Schönberg
Kalenborn
Esch
Lantershofen
Bad Neuenahr
Heppingen
Lohrsdf.
Vischel
Ahrweiler
Ahr-Thermen
Ehlingen
Altenheck
Dernau
Röm. Villa
Marienthal
Kloster Calvarienberg
Ahrtalbrücke
BAD NEUENAHR
Heimersheim
Westum
Löhndorf
Mayschoß
Walporzhm.
R. Neuenahr
Dreieck Sinzig
Schl. Vehn
Beulerhof
BAD NEUENAHR-AHRWEILER
Altenburg
Saffenbg.
Rech
Häuschen
Alte Mauer
Horn
Steinerberg
Pützfeld
Brück
Kesseling
Ramersbach
Königsfeld
Staffel
Vinxt
Schalkenbach
Ahrbrück
Adert
Dedenbach
Beilstein
Oberdürenbach
Rodder
Auf dem Thron
Blasweiler
Büschhöfe
Bausenberg
Weidenbach
Watzel
Heckenbach
Niederdürenbach
Niederzissen
Fronrath
Schelborn
Hannebach
Cassel
Spessart
Oberzissen
Olbrück
Hain
Wollscheid
Galenberg
Heulingshof
Museumseisenbahn
Auf der Wurst
Herschbach
Engeln
Steinbergerhof
Lederbach
Glees

111

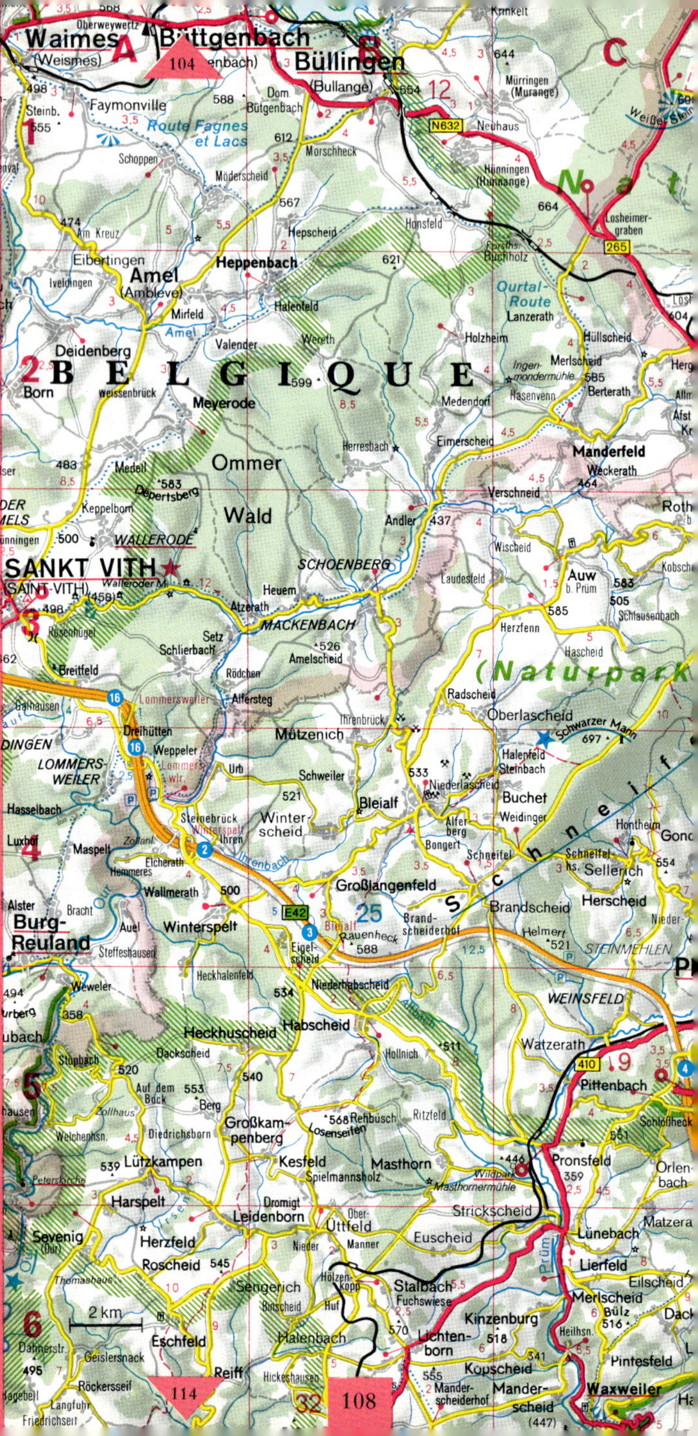

Waimes
(Weismes)
Bütgenbach
104
Büllingen
(Bullange)
Oberweywertz
Faymonville
Steinb.
Route Fagnes et Lacs
Dom. Bütgenbach
Schoppen
Möderscheid
Morschheck
N632
Neuhaus
Mürringen (Murange)
Hünningen (Hunnange)
Weißer Stein
Hepscheid
Honsfeld
Losheimergraben
265
Forsths. Buchholz
Am Kreuz
Eibertingen
Amel
(Amblève)
Iveldingen
Heppenbach
Mirfeld
Halenfeld
Valender
Wereth
Holzheim
Ourtal-Route
Lanzerath
Hüllscheid
Merlscheid
Ingenmondermühle
Deidenberg
Born
BELGIQUE
Weissenbrück
Meyerode
Medendorf
Hasenvenn
Berterath
Herresbach
Eimerscheid
Manderfeld
Weckerath
Ommer
Wald
Medell
Depertsberg
Keppelborn
WALLERODE
Verschneid
Andler
Roth
Wischeid
SANKT VITH
(SAINT-VITH)
Walleroder M.
SCHOENBERG
Laudesfeld
Auw b. Prüm
Kobscheid
Heuem
Atzerath
MACKENBACH
Herzfenn
Schlausenbach
Rosenhügel
Setz
Schlierbach
Amelscheid
Hascheid
Breitfeld
Rödchen
(Naturpark
Radscheid
Oberlascheid
Galhausen
Lommersweiler
Alfersteg
Ihrenbrück
Schwarzer Mann
Dreihütten
Weppeler
Mützenich
Halenfeld
Steinbach
LOMMERSWEILER
Urb
Schweiler
Niederlascheid
Buchet
Hasselbach
Bleialf
Weidingen
Hontheim
Steinebrück
Winterspelt
Ihren
Winterscheid
Alferberg
Bongert
Schneifel
Luxhof
Maspelt
Zollanl
Elcherath
Hemmeres
Ihrenbach
Schneifelhs.
Sellerich
Wallmerath
Großlangenfeld
Brandscheid
Herscheid
Alster
Bracht
Burg-Reuland
Auel
Winterspelt
E42
25
Brandscheiderhof
Rauenheck
Eigelscheid
Helmert
STEINMEHLEN
Steffeshausen
Heckhalenfeld
Weweler
Niederhabscheid
WEINSFELD
Heckhuscheid
Habscheid
Dackscheid
Hollnich
Watzerath
410
Pittenbach
Stupbach
Auf dem Bock
Berg
Zollhaus
Großkampenberg
Rehbüsch
Losenseifen
Ritzfeld
Schloßheck
Welchenhsn.
Diedrichsborn
Lützkampen
Kesfeld
Spielmannsholz
Masthorn
Wildpark
Masthornermühle
Pronsfeld
Orlenbach
Peterskirche
Harspelt
Dromigt
Leidenborn
Oberüttfeld
Strickscheid
Sevenig (Our)
Herzfeld
Nieder
Manner
Euscheid
Lünebach
Matzerath
Roscheid
Thomashaus
Sengerich
Binscheid
Hölzenkopf
Stalbach
Fuchswiese
Lierfeld
Eilscheid
Merlscheid
Bülz
Huf
2 km
Eschfeld
Halenbach
Kinzenburg
Lichtenborn
Heilhsn.
Pintesfeld
Dahnerstr.
Geislersnack
Reiff
Hickeshausen
Kopscheid
Waxweiler
Röckerseiff
114
Manderscheiderhof
Manderscheid
Langfuhr
Friedrichseit

D
E
F
Wald
Aufbereitung
Wohlfahrt
Schnorrenberg
Neuhs.
Schmidtheim
Altenburg
Hügelgräber
Schlemmershof
Nonnenbach
Hirzberg
Forsths. Nonnenbach
Simmelerhof
Kloster Maria Frieden
Österdell
Große Eifel-Route
Hüngersdorf
Ahrmühle
Waldorf
Ripsdorf
Berk
Frauenkron
Kronenburger See
Kronenburg
Baasem
Ermberg
Dahlem
Leuteratherhf.
Hahnen-B.
Alendorf
Esch
Schopphf.
Hallschlag
Steinert
Kerschenb.
Niederkyll
Glaadt
Feusdf.
Stadtkyll
Stausee
Jünkerath
Feriendorf
Damm
Winter-B.
Wiesbaum
Kehr
Ormont
Schüller
Stein-B.
Birgel
Gönnersdorf
Lissendorf
Neuenstein
Weitersberg
Schönfeld
Lehnerath
Forsths. Schneifel
Reuth
Neuendorf
Steffeln
Steffelnkopf
Basberg
Hilles
Bf. Oberbettingen-Hillesheim
Auel
Oberbettingen
Nordeifel
Olzheim
Kleinlangenfeld
Prümer K.
Bolsdorf
Niederbettingen
Weiermühle
Kalenborn-Scheuern
Dohm-Lammersdorf
Heilert
Duppach
ROTH
Willwerath
Schwirzheimer Kopf
NEU-OOS
Eishöhle
BEWINGEN
MÜLLENBORN
Adler-u. Wolfspark
Hermespand
Gondelsheim
Schwirzheim
R. Hartelstein
OOS
R. Kasselburg
Hustley
GEROLSTEIN
Villa Sarabodis
Weinshm.
DAUSFELD
Baselt
Brühlborn
Prüm
Fleringen
Büdesheim
HINTERHAUSEN
Ruine Löwenburg
LISSINGEN
Apert
Rommersheim
Fleringer M.
Hahnen-K.
Wallersheim
Dietzenley
BÜSCH
Loch
Mineralqu.
Niedereich
Große Eifel-Route
Giesdorf
Forsths. Anzelterhof
Eigelbach
R. Zanderkirch
Erl. Vulkan Kalem
MICHELBACH
Ndr.-Hersdorf
Ob.-Hersdorf
Kopp
Eishöhlen
Große Eifel-Route
Kalkofen
Hersdorf
Hundsbg.
Birresborn
Lauch
Schönecken
Jakobsknopp
Waldmannsruh
Daxberg
Rodelkaul
Deutsche Wildstraße
Rom
Nd.-Dingdf.
Hauenborn
Wetteldorf
Gerstenbergerhof
Hardt
Eichelseifen
Weißenseifen
Mürlenbach
Haneid
Rother-B.
Seiwerath
Dürrbach
R. Bertradaburg
Schweißthal
Irsfelderhof
Steinich
Nimsreuland
Schartzberg
Etzenberg
Grindelborn
Forst
Ferienstraße Südeifel
Densborn
Bielenhof
Hahn
Daxelberg
Lasel
Neustraßbg.
Bradscheid
Hontheim
Wawern
Neuheilenbach
Nüllbergerhof
Neuenweiher
Altenhof
Feuerscheid
Nimshuscheider Mühle
Burbach
Schafbrück
Forsths.
Waxweiler
Schwarzbach
Balesfeld
Usch
Zendscheid
Desserath

105
115

106

Ohlenhard
Junker-B.
Reetz
Frohnhofen
Eichenbach
Insul
Winnerath
Fuchshofen
Lückenbach
Freilingen
Lommersdorf
Aremberg
Antweiler
Reifferscheid
Leimbach
Adenauer B.
Vellerhof
R. Dollendorf
Schloßthal
Ahrhütte
Rodder
Gilgenbach
Dollendorf
Uedelhoven
Dorsel
Ahrdt
Hoffeld
Müsch
Kirmutscheid
Adenau
Honerath
Wimbach
Wirft
Barweiler
Mirbach
R. Neublankenheim
Leudersdorf
Üxheim
Trierscheid
Pomster
Kottenborn
Nürburg
Dankerath
Ahütte
Potsdamer Pl.
Flesten
R. Dreimühlen
Nollenbach
Nohn
Alter Burg-B.
Senscheid
Wiesemscheid
Bauler
Kerpen (Eifel)
ehem. Kloster
Niederehe
Ahbach
Borler
Meisenthal
Bodenbach
Müllenbach
Bruch
Rote Hecke
Berndorf
Hillesheim
Loogh
Ahrberg
Rothenb.
Zermüllen
Arensberg
Stroheich
Heyroth
Bongard
Gelenberg
Kelberg
Hünerbach
Hohe Eifel
Walsdorf
Zilsdf.
Oberehe-Brück
Grüne Straße Eifel-Ardennen
Dreis
Kötterbach
Goßberg
Döhmberg
Boxberg
Neichen
Beinhausen
Mosbruch
Rockeskyll
Essingen
Hohenfels
Dockweiler
Kradenbach
Kirche Hilgerath
Katzwinkel
Ueß
Hörschhausen
Wolfsmühle
Pelm
Bettel-dorf
Hinterweiler
Esels-B.
Große Eifel-Route
Sarmersbach
Berlingen
Kirchweiler
Ernst-B.
Gefell
Nerdlen
Waldkönigen
Rengen
Deutsche Wildstraße
Utzerath
Gees
Forsths.
Scharte-B.
Asseberg
Hörscheid
Steinborn
Boverath
Schönbach
Neunkirchen
Daun
Darscheid
Büscheich
Neroth
Pützborn
Nerother K.
Grab-hügel
Dreieck Vulkaneifel
Hirsch- und Saupark Daun
Gemünden
Weinfelder Kirche
Mehren
Steiningen
Steineberg
Prümscheid
Oberstadtfeld
Mäuseberg
Gemündener Maar
Steineberger Ley
Demerath
Weiersbach
Niederstadtfeld
Salm
Burg Altburg
Schalkenmehren
Wallenborn
Üdersdorf
Trittscheid
Ellscheid
Kretscheid
Weidenbach
Schutz
Tettscheid
Eifeler Glockengießerei
Saxler
Grabhügel
Ober-Winkel
Nieder-Winkel (Eifel)
Pulvermaar
Bleckhausen
Brockscheid
Udler
Gillenfeld
Römer-B.
Holzmaar
Alfbach
Meisburg
Deudesfeld
Vulkaneifel
Strohn
Immerath
2 km

116

D
E
F
Fronrath
Cassel
Spessart
Hannebach
Ober-zissen
Galenberg
Glees
Aufder Wurst
Herschbach
Heulingshof
Engeln
Brenk
Steinbergerhof
Lederbach
Kempenich
Wehr
Hohenleimbach
Hausten
Weibern
Rieden
Kaltenborn
Hohe Acht
Jammelshofen
Netterhöfe
Morswiesen
Wabern
Gänsehals
Siebenbach
Arft
Langscheid
Volkesfeld
Riedener Mühlen
Kirchesch
Bell
Roderhöfe
Sulzbusch
Langenfeld
Acht
Kirchwald
Waldesch
Nettemühle
Ettringen
Hochsimmer
Herresbach
Engeln
Ober-Welschenbach
Nieder-
Wanderath
St. Jost Mühle
Denskopf
Nitzbach
NITZTAL
St. Johann
Kottenheim
Döttingen
Meuspath
Oberbaar
Mittelbaar
Baar
Freilingen
Virneburg
Schl. Bürresheim
Scheidkopf
Kloster Helgoland
Kurhotel
Drees
Niederbaar
KÜRRENBERG
Kirsbach
Nitz
Kreuznick
MAYEN
Lind
Brücktal
Nachtsheim
Hirten
Reudelsterz
Stadtbefestig. Genovevaburg
Boos
Luxem
Weiler
Geisbüschhof
Münk
Mimbach
Anschau
Geisheckerhof
Niederelz
Monreal
Berresheim
Ditscheid
Elzbach
Mannebach
Salcherath
Arbach
Cond.
Allenz
Wüsteratherhof
Bermel
Heunenhof
Kolverath
Eulen-B.
Retterath
Oberelz
Lehnholz
Kehrig
Kalenborn
Geerberg
Urmersbach
Lirstal
Uersfeld
Deutsche Wildstr.
Hauroth
Düngenheim
Kaperich
Eppenberg
Masburg
Kaifenheim
Höchstberg
Eulgem
Gamlen
Bf. Uersfeld
Laubach
Kaisersesch
Zettingen
Brachtendorf
Vorpochten
Müllenbach
Hambuch
Düngenheim
Dünfus
Ulmen
Leienkaul
Maria Martental Kloster
Schöne Aussicht
Pommerbach
Illerich
Wirfus
Hochpochten
Hügelgrab
Deutsche Wildstraße
Binningen
Hügelgräber
Auderath
Alflen
Greimersburg
Landkern
Esperhof
Kail
Kavelocherhof
Annicherhof
Enderbach
Fahrendelhof
Schmitt
Büchel
Blumkirst
R. Coraidelstein
Klotten
Wildpark Klotten
Moselbad
Gillenbeuren
Gevenich
R. Winneburg
Schafstallerhof
Pfalzerhof
COCHEM
Valwigerberg
Valwig
Deutsche Wildstraße
Faid
Weiler
Burg
Ernst
Ebernach
Bruttig
Driesch
Lescherhof
Lutzerath
Urschmitt
Dohr
Moselweinstraße
Fankel
Burgberg
Ellerberg
Ellenz-
107
111
117

BAD BREISIG
Rheinbrohl
Waldorf
Gönnersdorf
Brohl-
-Lützing
Burgbrohl
Naturpark
Hammerstein
Leutesdorf
BAD TÖNISSTEIN
Glees
Wassenach
ANDERNACH
Nickenich
NSG
Laacher See
Maria Laach
MIESENHEIM
WEISSENTHU
Bell
MENDIG
NIEDER-MENDIG
OBERMENDIG
Kruft
Plaidt
Kettig
Saffig
Kretz
Ettringen
Thür
Bassenheim
Ochtendung
Kottenheim
Welling
HAUSEN
Trimbs
Nettesürsch
Polch
POLCH
Lonnig
Kobern-
Gondorf
Kerben
Rüber
Mertloch
Gappenach
Kollig
Einig
Gering
Kaifenheim
Gierschnach
Naunheim
MÜNSTER-MAIFELD
Löf
Alken
Pillig
Brohl
Wierschem
Burgen
Moselkern
Müden (Mosel)
Binningen
Brieden
Kail
-Karden
Pommern
Treis-
Moselweinstraße
Maifeld
2 km

Klein-maischeid
Thalhausen
Anhausen
Meinborn
Großmaischeid
Kausen
Stebach
Deesen
Ellenhsn.
Nordhfn.
Oberhaid
Wittgert
Mogen
Breitenau
Rhein-Westerwald
Isenburg
Caan
Sessen-bach
Wirscheid
Hof Rembs
Hundsdorf
RANSBACH
Nauort
Alsbach
Faulbach
Kammerforst
Hilgert
BAUMBACH
STROMBERG
GRENZAU
OBERBIEBER
GLADBACH
Klost. Rommersdorf
ENGERS
SAYN
BENDORF
HÖHR-GRENZHAUSEN
Köppel
Kaltenengers
Weitersburg
VALLENDAR
Kannenbäckerstraße
St. Sebastian
Niederwerth
Hillscheid
KESSELHM.
WALLERSHEIM
NEUENDORF
Mallendar
Simmern
Kadenbach
Urbar
Neuhäusel
Eitelborn
Arzbach
BUBENHEIM
RÜBENACH
NIEDERBG.
IMMENDORF
Nörrberg
METTERNICH
EHRENBREITSTN.
ARENBERG
KOBLENZ
Mühlenbacher-hof
Pfingstwiese
MOSELWEISS
ARZHEIM
Eisenb.
Kemmenau
GÜLS
KARTHAUSE
PFAFFENDORF
Fachbach
BAD EMS
Nievern
BISHOLDER
HORCHHEIM
Dausenau
Lindenbach
Miellen
Frücht
Carola-Höhe
Kondertal
STOLZENFELS
Friedrichssegen
Misselbg.
Sulzbach
Hunsrück-Höhenstraße
Lahnstein a. d. Höhe
LAHNSTEIN
Becheln
Buchholz
Königsstuhl
Deutsche Alleenstraße
RHENS
Brey
BRAUBACH
Schweighsn.
Waldesch
Naßheck
Hünenfeld
Rheingoldstraße
Marksburg
HINTERWALD
Kehlbach
Jakobsberg
Siebenborn
Dachsenhausen
Spay
Osterspai
Filsen
Nd.-Ob.-Bachheim
Mühltal
Kalmut
Marienberg
Erlenborn
Winterwerb
Gemmerich
BOPPARD
Kamp-Bornhofen
Neuborn
Büchelborn
Loreley-Burgen-Straße
Dahlheim
Hainau
BAD SALZIG
Eschbach
Himmighfn.
Lykershsn.
WEILER
Prath
Kestert
Weyer
Kratzenburg
Ney
Fleckertshöhe
Prohl
HIRZENACH
Molsberg
Nochern
Halsen
Oberkestert
Ehrenthal

108
32
114
A
B
C
1
2
3
4
5
6
2 km
Irrhausen
Arzfeld
Dahnen
Daleiden
Dasburg
Hohe Kuppe
Olmscheid
Kickeshausen
Neurath
Hölzchen
Lauperath
Bellscheid
Ringhuscheid
Krautscheid
Heilbach
Windhausen
Emmelbaum
Jucken
Preischeid
Feder
Bömmert
Engelsdorf
Ammeldgn.
Uppershausen
Berkoth
Plascheid
Zweifelscheid
Burgscheid
Luxemburgischer
Falkenauel
Juckerstraße
Wolperdorf
Leimbach
Altscheuern
Itzfelderhof
Sevenig
Karlshausen
Hütten
Neuhütten
Scheuern
NEUERBURG
(337)
Affler
Dauwelshsn.
Übereisenb.
Eisenbach
Herbstmühle
Rodershausen
Kreutzdorf
Enzbach
Oberraden
Gemünd
Wahlhausen
Schiershof
Koxhausen
Muxerath
Daudistel
Utscheid
Gaymühle
Berscheid
Niederraden
Buscht
Nasingen
Grüne Straße Eifel-Ardennen
Waldhof-Falkenstein
Reitersdell
Naturpark
Ober-
Nieder-
geckler
Sinspelt
Neuhaus
Brimingen
Keppeshsn.
Stolzembourg
R. Falkenstein
Aufd.Nonn
Ferienstraße Südeifel
Bauler
Neuscheuerhof
Hisel
Burg
Putscheid
Nachtmanderscheid
Bivels
Geichlingen
Bierendorf
Niehl
Mettendorf
Kavernen Kraftwerk Vianden
VIANDEN
Bassin sup.
Houschterhaff
Lahr
Bolzen-B.
Hüttingen bei Lahr
Halsdorf
Landscheid
Château
Walsdorf
Obersgegen
Parc
Naturel
Körperich
Freilingen
Brandenbourg
Fouhren
Roth a.d. Our
Seimerich
Niedersgegen
Freilingerhöhe
Enzen
Nusbaum
Bettel
Koeppenhaff
Tomm
Marxbg.
Longsdorf
Gentingen
Kewenig
Hommerdgn.
Silberberg
Stockigt
Tandel
Bastendorf
Kruchten
Rohrbach
Schankweiler
Ammeldgn.
Härebierg
Kleck
Selz
Bettendorf
Schl.Gruel
Hoesdorf
Biesdorf
Schwarzenbruch
Wikinger-Burg
Wallendorf
Germano-Luxembourgeois
Bleesbreck
Kleinreisdorf
Moestroff
DIEKIRCH
Gilsdorf
Hirzenhaff
Reisdorf
Diesburgerhof
Bollendorf
Broderbour
Gemengeboesch
Moserhaff
Keiwelbach
Ernz Blanche
Bigelbach
Tschiddeschmillen
Folkendange
Dillingen
Supp
Alebuerg
Befortерhaed
Beaufort
(320)
Fleibierg
Bollendorf-Pont
Kasselt
Spirberich
Brucherhaff
Eppeldorf
Stegen
Bloen-Eck
Ermsdorf
Château Schelferei
Grundhof
Hamhaff
Seylerhaff
Georges du Hallerbach
Berdorf
(379)
Hals-baach
Birkelt
GRAND
Pletschette
Haller
Harthaff
Medernach
Savelborn
Seitert
DUCHÉ
Schrondweiler
Kelleschhaff
Heisbich
Aechelbour
Koon
Petite
Suisse
Mélick
Freckeisen
Mullerthal
Dousterterhaff
Kalkesbach
Nommern
Neienshaff
Waldbillig
Hongerhaff
Niederglabach
Leidenbach
Luxembourgeoise
Oberglabach
Kitzebur
DE
Christnach
Château féodal
Oosterholz
Juckefeld
Müllerthal
Mélickheck
Noumerlayen
Goudelt
Weydert
Larochette
(268)
Erzen
Breidweiler
Scheidgen
LOUXEMBOURG
Consdf.
Meysembourg
Theinshaff
Michelshaff
Angelsberg
Laangert
Soup
Heffingen
Colbette
Wolpert
Binzrath
Schous
Gevershaff
N7
N8
N10
N14
N17
N19
E29
E421

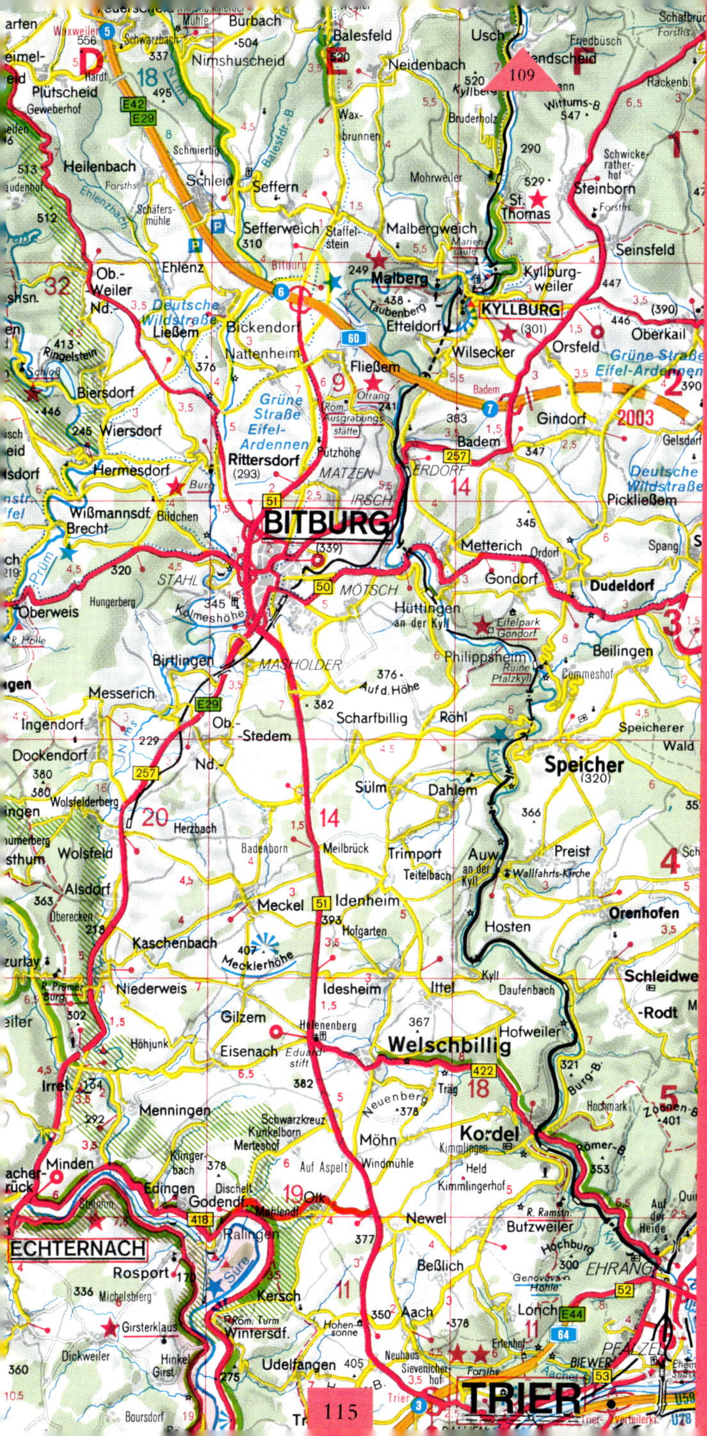

Burbach
Waxweiler
Schwarzbach
Nimshuscheid
Balesfeld
Usch
Neidenbach
Kyllburg
Fredbüsch
Wittums-B.
Rackenb.
Plütscheid
Gewebeberhof
Heilenbach
Schmierbg.
Schleid
Seffern
Wax-brunnen
Bruderholz
Mohrweiler
Schwicke-rather-hof
Steinborn
St. Thomas
Schäfers-mühle
Sefferweich
Staffel-stein
Malbergweich
Marien-säule
Seinsfeld
Ehlenz
Ob.-Weiler
Nd.-
Bitburg
Malberg
Kyllburg-weiler
KYLLBURG
Deutsche Wildstraße
Ließem
Ringelstein
Bickendorf
Taubenberg
Etteldorf
Oberkail
Wilsecker
Orsfeld
Grüne Straße Eifel-Ardennen
Nattenheim
Fließem
Otrang
Biersdorf
Röm. Ausgrabungs-stätte
Badem
2003
Wiersdorf
Grüne Straße Eifel-Ardennen
Gindorf
Gelsdorf
Rittersdorf
Putzhöhe
Hermesdorf
Burg
MATZEN
ERDORF
Pickließem
IRSCH
Wißmannsdf.
Brecht
Bildchen
BITBURG
Metterich
Ordorf
Spang
Prüm
STAHL
Gondorf
Dudeldorf
MÖTSCH
Hungerberg
Oberweis
Kolmeshöhe
Hüttingen an der Kyll
Eifelpark Gondorf
Beilingen
Birtlingen
MASHOLDER
Philippsheim
Ruine Pfalzkyll
Commeshof
Messerich
Auf d. Höhe
Ingendorf
Ob.-Stedem
Scharfbillig
Röhl
Speicherer Wald
Dockendorf
Nd.-
Kyll
Speicher
Wolsfelderberg
Sülm
Dahlem
Herzbach
Badenborn
Meilbrück
Trimport
Teitelbach
Auw an der Kyll
Preist
Wallfahrts-Kirche
Wolsfeld
Alsdorf
Oberecken
Meckel
Idenheim
Hofgarten
Orenhofen
Hosten
Kaschenbach
Mecklerhöhe
R. Prümer Burg
Niederweis
Idesheim
Ittel
Daufenbach
Schleidweiler
-Rodt
Gilzem
Helenenberg
Welschbillig
Hofweiler
Höhjunk
Eisenach
Eduard-stift
Trag
Burg-B.
Irrel
Neuenberg
Hochmark
Menningen
Schwarzkreuz
Kunkelborn
Merteshof
Möhn
Kordel
Kimmlingen
Römer-B.
Klinger-bach
Auf Aspelt
Windmühle
Held
Kimmlingerhof
Minden
Edingen
Dischelt
Godendf.
Olk
Mahlendf.
Newel
R. Ramstn.
Butzweiler
Auf der Heide
Ralingen
Hochburg
EHRANG
ECHTERNACH
Rosport
Sûre
Beßlich
Genovevahöhle
Michelsberg
Kersch
Lorch
Röm. Turm
Wintersdf.
Hohensonne
Aach
Girsterklaus
Erlenhof
Dickweiler
Hinkel
Girst
Neuhaus
Sievenicher hof
Forsths.
BIEWER
PFALZEL
Udelfangen
Boursdorf
Trier
TRIER
Trier-Verteilerkr.
E29
E42
E44
257
51
50
422
418
52
53
64
60
109
115

110
116
Meisburg
Deudesfeld
Desserath
Meerfelder Maar
Eckfeld
Buchholz
Manderscheid
Strohn
Trautzberg
Meerfeld
Bettenfeld
Belvedere
Ruinen
Niedermanderscheid
Pantenburg
Wallscheid
Dierfeld
Mückeln
2 km
Korneshütte
Forsths.
Mosenberg
Laufeld
Neumühle
Ob.-
Nd.-
-Öfflingen
Jagdschl. Bergfeld
Eisenschmitt
Hunnenkopf
R. Biederburg
Hasborn
Eichelhütte
Schwarzenborn
Karl
Gipperath
Greimerath
Salm
Schladt
Wil
Kloster Himmerod
Forsths.
Großlittgen
Plein
Flußbach
Hau
Raskop
Gransdf.
Altenhof
Heeg
Musweiler
Minderlittgen
Plamer M.
Abachs M.
Heidsätte Grunewald
LÜXEM
DORF
2003
Dahlem
Landscheid
Burg (Salm)
Hupperath
Spangdahlem
Niederkail
Landscheid
WITTLICH
BOMBOGEN
Wittlich
Mulbach
Binsfeld
Hütt
Oberbergweiler
Breit
Neumühle
Buscheid
Bergweiler
Hof
Mellich
Arenrath
Bruch
2003
Altrich
Burg
Schloß
Asberg
Herforst
Platten
Haardt
Niersbach
Gladbach
Dreis
Burg-B
Salmrohr
Greverath
Salmtal
Dörbach
Langmauer
Römerstraße
Dodenburg
Pohlbach
Schönfelder-hof
Heidweiler
Hecken-münster
Sehlem
Salmtal
Klausen
-Monzel
Rothaus
Zemmer
Dierscheid
Neu Minheim
Monz.-Hütten
Wallf. K.
Krames
Kesten
Esch
Naurath (Eifel)
Erlenbach
Thomas-B.
Piesport
Pfarrk.
Ferres
weiler-
Bf. Hetzerath
Hetzerath
Rivenich
Mülchen
Niederemmel
Hansen-B.
Minheim
Föhren
Föhren/ Hetzerath
Hochkreuz
-Dhron
Klüsserath
Neumagen-
Rundwiese
Bleischmelz
Bekond
Moselweinstr.
Köwerich
Thörnich
Trittenheim
Schweich
Quint
SCHWEICH
Detzem
Ensch
Leiwen
Issel
Mosel
Mehringer B.
Kenn
Kirsch
Longen
Schleich
Moseltal
Trier-Ehrang
Dr. Mosel-tal
Longuich
Mehring
Zummeterhof
Dhrönchen
Lörsch
Pölich
Heidenburg
RUWER
Fastrau
Riol
Dhrontal-Stausee
EITELSBACH
Büdlich
Niederfell
Mehring
Heidenburgerh.
Grünhaus

111

Strotzbüsch
Kennfus
Bad Bertrich
Hontheim
Krinkhof
Kliding
Burgberg
Beuren
Hügelgrab
Bremm
Calmond
Sankt Aldegund
Eller
Ediger-Eller
Ellerberg
Ellenz-Poltersdorf
Briedern
Mesenich
Senheim
Nehren
Neef
Hochkessel
Mosel
Alf
Bullay
Burg Arras
Pünderich
König
Vierseenplatz
Neumerl
MERL
Marienburg
Thiesenmühle
ZELL (Mosel)
Barl
Kaimt
Pochwerk
Heroholt
Tellig
Geis-B.
Kondelwald
Keller-B.
Springiersbach
Kloster
Engelsberg
Bengel
Hetzhof
Neidhof
Olkenbach
Kinderbeuern
Reil
Heißer Stein
Fieber-B.
Briedel
Burg (Mosel)
Bummkopf
Enkirch
Altlayer Bach
Ürzig
Bf. Ürzig
Kröv
Kövenig
Kinheim
WOLF
Erden
Lösnich
Rachtig
Kindel
Zeltingen-Rachtig
Machern
TRABEN-TRARBACH
Mt. Royal
Litzig
Moselweinstraße
Ahringsmühle
Starkenburg
Berghof
Maiermund
Sdlg. Briedeler Hef
Ravensbeuren
Ahringsbach
Lötzbeuren
Paulskirche
Maring-Noviand
Maring
WEHLEN
Lieser
Graach a.d.Mosel
Graacher Schanzen
Moseltherme
Bad Wildstein
Hödeshof
R. Grevenburg
Irmenach
Mülheim (Mosel)
KUES
BERNKASTEL-KUES
Beuren
R. Landshut
KAUTENBACH
Brauneberg
ANDEL
Veldenz
R. Veldenz
Thalveldenz
Monzelfeld
Longkamp
Fronhofen
Pilmeroth
Thalkleinich
Kleinich
Emmeroth
Oberkleinich
Horbruch
Kommen
Götzeroth
Ilsbach
Hochscheid
Halster-H.
Wederath
Stumpfer Turm
Burgen
Burgenfahls
Fohnbach
Gornhausen
Gonzerath
Haardt-K.
Römerstraße
Ranzen-K.
Elzerath
Heinzerath
Hundheim
Hinzerath
R. Baldenau
Naturpark
An den zwei Steinen
Merscheid
Wenigerath
Bischofsdhron
Am grauen Kreuz
Horath
Merschbach
Haag
Rapperath
Weiperath
Dhron
Morbach
Steingerüttelkopf
Hunolstein
Wahlholzer Kirche
Gutenthal
Odert
Gräfendhron
Hunsrück-Höhenstraße
Etgert
Frohnhausen
Brüchweiler
Langweiler
Hunsrück
Kempfeld

LEGENDE REISEATLAS

Autobahn · Gebührenpflichtige Anschlußstelle · Gebührenstelle · Anschlußstelle mit Nummer · Rasthaus mit Übernachtung · Raststätte · Erfrischungsstelle · Tankstelle · Parkplatz mit und ohne WC	Trento 11 R R E T P P	Motorway · Toll junction · Toll station · Junction with number · Motel · Restaurant · Snackbar · Filling-station · Parking place with and without WC
Autobahn in Bau und geplant mit Datum der Verkehrsübergabe	Datum Date	Motorway under construction and projected with completion date
Zweibahnige Straße (4-spurig)		Dual carriageway (4 lanes)
Bundesstraße · Straßennummern	14 E45	Federal road · Road numbers
Wichtige Hauptstraße		Important main road
Hauptstraße · Tunnel · Brücke		Main road · Tunnel · Bridge
Nebenstraßen		Minor roads
Fahrweg · Fußweg		Track · Footpath
Wanderweg (Auswahl)		Tourist footpath (selection)
Eisenbahn mit Fernverkehr		Main line railway
Zahnradbahn, Standseilbahn		Rack-railway, funicular
Kabinenschwebebahn · Sessellift		Aerial cableway · Chair-lift
Autofähre		Car ferry
Personenfähre		Passenger ferry
Schiffahrtslinie		Shipping route
Naturschutzgebiet · Sperrgebiet		Nature reserve · Prohibited area
Nationalpark, Naturpark · Wald		National park, natural park · Forest
Straße für Kfz gesperrt		Road closed to motor vehicles
Straße mit Gebühr		Toll road
Straße mit Wintersperre	XII-II	Road closed in winter
Straße für Wohnanhänger gesperrt bzw. nicht empfehlenswert		Road closed or not recommended for caravans
Touristenstraße · Paß	Weinstraße 1510	Tourist route · Pass
Schöner Ausblick · Rundblick · Landschaftlich bes. schöne Strecke		Scenic view · Panoramic view · Route with beautiful scenery
Golfplatz · Schwimmbad		Golf-course · Swimming pool
Ferienzeltplatz · Zeltplatz		Holiday camp · Transit camp
Jugendherberge · Sprungschanze		Youth hostel · Ski jump
Kirche im Ort, freistehend · Kapelle		Churches · Chapel
Kloster · Klosterruine		Monastery · Monastery ruin
Schloß, Burg · Schloß-, Burgruine		Palace, castle · Ruin
Turm · Funk-, Fernsehturm		Tower · Radio-, TV-tower
Leuchtturm · Kraftwerk		Lighthouse · Power station
Wasserfall · Schleuse		Waterfall · Lock
Bauwerk · Marktplatz, Areal		Important building · Market place, area
Ausgrabungs- u. Ruinenstätte · Feldkreuz		Arch. excavation, ruins · Calvary
Dolmen · Menhir		Dolmen · Menhir
Hünen-, Hügelgrab · Soldatenfriedhof		Cairn · Military cemetary
Hotel, Gasthaus, Berghütte · Höhle		Hotel, inn, refuge · Cave
Kultur		**Culture**
Malerisches Ortsbild · Ortshöhe	WIEN (171)	Picturesque town · Height of settlement
Eine Reise wert	★★ MILANO	Worth a journey
Lohnt einen Umweg	★ TEMPLIN	Worth a detour
Sehenswert	Andermatt	Worth seeing
Landschaft		**Landscape**
Eine Reise wert	★★ Las Cañadas	Worth a journey
Lohnt einen Umweg	★ Texel	Worth a detour
Sehenswert	Dikti	Worth seeing

5 km

In diesem Register finden Sie alle erwähnten Orte und Ausflugsziele. Halbfette Zahlen verweisen auf den Haupteintrag, kursive auf ein Foto.

Was bekomme ich für mein Geld?

Die Eifel ist eine in Mitteleuropa einzigartige Landschaft, zentral gelegen und schnell erreichbar. Das hat leider seinen Preis. Die Eifel ist durchaus kein billiges und auch nicht immer ein preiswertes Reiseziel, in dem ein hoher Preis durch entsprechende Leistung gerechtfertigt wäre. In der Eifel, die zwar sehr stark vom Fremdenverkehr abhängig ist, aber nur eine kurze Saison hat, ist es wie in vergleichbaren anderen Regionen auch: Man versucht, in wenigen Monaten einen für das ganze Jahr ausreichenden Umsatz zu machen. Um unangenehme Erlebnisse und Preistreiberei zu vermeiden, wie man sie in Fremdenverkehrszentren überall auf der Welt erleben kann, sollten Sie möglichst dort einkehren, wo auch die Einheimischen hinzugehen pflegen.

Unverhältnismäßig teuer sind öffentliche Verkehrsmittel. Eine einfache Fahrt mit dem Bus von Aachen nach Monschau (34 km) kostet mehr als 8 Mark, eine anderthalbstündige Rundfahrt mit dem Schiff auf dem Rursee rund 15 Mark.

Eine Übernachtung im Privatzimmer mit Frühstück ist ab etwa 25 Mark pro Person im Doppelzimmer zu bekommen. Eine Hotelübernachtung mit Frühstück kostet pro Person im Doppelzimmer ab etwa 50 Mark. Von den regionalen Tourist-Informationen werden Pauschalreisen mit einem Aufenthalt zwischen drei Tagen und einer Woche angeboten. Sie kosten von 270 Mark bis 1590 Mark pro Person bei Unterbringung im Doppelzimmer. Die Preise richten sich natürlich danach, ob es sich um eine reine Wanderwoche oder um eine Schlemmer- oder Golfwoche handelt.

Eine Flasche Ahrrotwein kostet beim Winzer etwa 10 Mark. Für ein Schnitzel mit Pommes frites und Salat müssen Sie fast überall mindestens 15 Mark bezahlen.

Sehr unterschiedlich wird in den Hotels die Frage der Kosten für Kinder behandelt. Manche Häuser gewähren keinerlei Ermäßigung, selbst für Kinder unter 3 Jahren nicht, andere sind da viel großzügiger. Auch für Hunde wird in einigen Hotels eine Pauschalgebühr erhoben.